몰라 몰라, 그냥 살아

몰라 몰라, 그냥 살아

선우용여 이야기

21세기북스

추천의 말

나는 이 책을 아무에게나 권하고 싶지 않다. 물론 누구에게라도 도움이 되겠지만… 살면서 귀하게 겪은 끝에 나오는 말들은 살아 움직이며 곁에서 속삭이듯 들리는 듯하다. '굽이굽이 충실히 쉬어가며 나에게 집중하기', '몸 근육 못지않게 마음의 근육도 탄탄하게 키우기', 명심할게요, 언니. 윗분의 가르침 정말 너무 고맙습니다. 앞서 가셔~ 따를게요.

· 양희은(가수)

〈순풍산부인과〉의 인연으로 나는 지금도 선생님을 '엄마'라 부른다. 내 이야기를 하실 때마다 마치 당신의 젊은 날을 떠올리듯 늘 눈물을 보이셨다. 그러면서도 항상 '너를 사랑해줘야 해'라는 말을 잊지 않으셨다. 고운 얼굴과 달리 거칠게 굳은 두 손은 선생님의 삶을 말해준다. 이 책을 통해 비록 고생은 많았으나, 온 힘을 다해 살아낸 세월을 들여다보면 누구라도 살아갈 힘을 얻을 것이다. 나도 이렇게 나이 들고 싶다는 생각이 절로 든다.

· 박미선(방송인)

유튜브로 성공하는 사람들의 공통된 특징은 '솔직함'이다. 특히 선우용여 선생님의 솔직함에는 '책임감'과 '묵직함'이 있다. 엉뚱하고 유쾌하기만 한 게 아니라 80년을 살아낸 '어른의 솔직함'이다. 이 책에는 그녀의 인생 노하우가 거침없이 적혀 있다. 믿어볼 만하다.

• 이석로(유튜브 〈순풍 선우용여〉 메인 PD)

인생도 요리처럼 익어야 깊은 맛이 난다. 어머님은 삶의 조리법을 누구보다 멋지게 완성해오셨다. 인생의 맛은 시간이 지날수록 깊어지는 '숙성의 과정'이라는 것을 어머님을 통해 깨닫는다. 누군가는 나이를 '무게'라 말하지만 어머니는 그것을 '향기'로 바꾸신다. 이 책은 단순한 에세이가 아니다. 나이 들어감을 두려워하지 않고 기쁨으로 요리하는 비법을 담은, 한 권의 인생 레시피다.

• 신종철(엠배서더 서울 풀만 호텔 총주방장)

선우용여 선생님은 그 길 위에서 웃으며 말한다. "몰라 몰라, 그 냥 살아." 이 말 속엔 체념이 아니라 자비가 있다. 자신에게 다정하고, 세상에 부드러운 마음. 욕심을 덜고 마음을 비우면 그 자리에 미소가 피어난다는 걸 이 책이 일깨워준다.

· 현철 스님(미국 LA 반야사 주지)

솔직하고 담백한 엄마의 말은 마음 깊숙이 파고들어 위로가 되고, 무엇이든 할 수 있다는 자신감을 불어넣는다. 엄마의 딸이 아니랄까 봐, 점점 엄마를 닮아가는 내 모습이 반갑고 자랑스럽다. "엄마, 진솔한 경험과 보물처럼 귀한 말들을 글로 담아주셔서 고맙습니다. 엄마의 가르침을 되새길 수 있어 행복해요. 정말 많이 사랑해요."

· 최연제(난임 전문 한의사, 선우용여 장녀)

프롤로그

80세가 어때서?   **즐기며 살아요!**

설악산 깊은 골짜기에 자리한 백담사에 가보면
사찰 앞으로 맑은 계곡이 흐르고,
사계절 푸른 소나무가 주변을 둘러 자리하고 있다.
가을에는 붉게 물든 단풍이 예술이고,
겨울에는 고요하게 내려앉은 눈송이들이 포근하다.
백담사를 천천히 거닐고 있자면
세상 근심이 다 아무것도 아닌 것처럼 평온하다.

집에서 3, 4시간 이상 운전을 해서 가야 하는 거리지만,
그래서 가끔씩은 불쑥 혼자서 백담사에 간다.

평생을 직접 운전을 해서 다녔더니
나이가 80세가 넘어도
누가 운전해주는 차를 타는 것보다는
직접 운전하는 게 편하다.
두 다리는 젊을 때처럼 가볍지 않지만,
여전히 운전을 할 수 있어서
원할 때 원하는 곳으로 훌쩍 떠나는
자유로움을 누릴 수 있다는 것이 참으로 큰 축복이다.

어떨 땐 별다른 스케줄이 없는 날,
문득 뜨끈한 우동 한 그릇도 생각나면
바로 아침 첫 비행기를 타고 일본에 간다.
일본어? 당연히 못 하지. 괜찮다.
언어의 장벽은 아무 문제도 되지 않는다.

"아노네~ 다운타운 오네가이시마스~"

하고 더듬더듬 길을 물어서 가면 못 갈 곳이 없다.
시내에서는 "이찌방 레스토랑?" 물어서 들어간다.
인터넷을 잘 못해도,
요즘 여기저기에 있는 키오스크 같은 걸 쓸 줄 몰라도
가고 싶은 곳 가고 먹고 싶은 걸 먹는 데 아무 문제 없다.

여행은 주로 당일치기로도 많이 다닌다.
숙소 예약하고 며칠 자고 오는 여행도 좋겠지만,
홀가분하게 날아갔다가 돌아와 집에서 푹 자면
오히려 기운이 싱싱하게 난다.
집에서 몸을 밍기적거리고 있는 것보다는
훨씬 살아 있는 기분이 든다.

해외에 나가보면 할머니, 할아버지들도
젊은 사람들 사이에서 잘만 돌아다니는데

우리나라는 유독 나이대마다 벽을 하나씩 세우는 것 같다.
20대에 할 수 있는 일, 50대에 할 수 있는 일을
가혹하게 기준지어 나눈다.
그 경계를 넘어갈 때는 이상하게 남의 눈치도 보인다.

하지만 건강을 잘 챙기고,
자기 자신을 돌보는 법만 알고 있다면
나이 때문에 못할 일은 없다.
지금 나이대의 자신을 있는 그대로 받아들이되
지레 한계를 그을 필요는 없다고 생각한다.

나는 벌써 81살이 되었지만 80대도 별 게 아니다.
살다 보니 어느새 저절로 80대가 되어 있다.
하지만 어떻게 보면 내 몸이 허락하는 한
젊을 때보다 오히려 더 자유롭게 살 수 있는 나이다.
몸이 늙는 것은 어쩔 수 없지만,
마음은 꼭 몸과 비례하게 늙지 않는다.

감사하게도 일도 계속하고 있고,
경제적으로도 예전보다 훨씬 여유가 생겼고,
자식들도 모두 독립해 손자, 손녀 낳고 잘 살고 있으니
언젠가 웃으면서 '나 갈게' 인사하고 떠날 수 있다면
더 바랄 게 없겠다.

아무래도 방송이나 유튜브로 노출이 많이 되다 보니
대중에게는 안 좋게 보이는 모습도 있을 것이고,
고맙게도 마냥 좋게 봐주시는 분들도 있다.
하지만 사람들의 시선에 맞추기보다는
늘 그랬듯이 나다운 삶을 뚜벅뚜벅 이어가려고 한다.

지금의 내 삶은 80세까지 하루하루 살아온 내 과거가
차곡차곡 쌓여 도달한 현재다.
지금의 말년에 이르기까지를 돌아보면
인생의 초년에 미리 지불한 비싼 대가도 있고,
또 젊은 날의 불안과 혼란을 지나 겨우 이르게 된

마음의 평온과 안정감도 있다.
이는 나뿐만 아니라 누구의 삶이나 마찬가지일 것이다.

연기 60년 평생을 지켜봐주신 고마운 시청자분들에게,
또 나를 좋아해주신 많은 분들에게
아직도 내 속에 담긴 많은 이야기를 건네고 싶다.
다만 좀 나이를 먹었다고 해서
누군가에게 무엇이 정답이라고 조언하고 싶지는 않고,
또 단 한 번의 삶만 살아본 내가 그렇게 할 수도 없다.
그저 각자의 갈림길에서 더 좋은 선택을 할 수 있도록
먼저 살아본 타인의 경험과 생각이 조금이나마
참고가 되기를 바라는 마음이다.

살다 보면 좋은 날도, 나쁜 날도 온다.
그러나 분명한 건 시련이 있다면 반드시 지나가고,
마침내 부드러운 봄바람이 부는 날도 온다는 것이다.
꼭 돈과 명예가 있어야 잘 사는 것도 아니다.

나에게 찾아왔던 젊은 날의 고난도
결국 나를 성장하게 하는 밑거름이 되었기에
요즘은 되려 감사하다는 마음이 든다.

그래도 정 어디가 좋은 길인지 알 수 없을 때,
마냥 혼란에 빠져 마음이 무겁고 불안할 때는
아예 세차게 고개를 저으며 다 비워내고
모르는 척 털어버리는 것도 하나의 방법이다.
내 속에 무거운 돌을 담고 다니면
저 앞에 기다리고 있는 꽃길까지 가는 걸음만 늦어진다.

80세라는 나이.
확실히 인생의 후반부에 이른 나이인 것은 틀림없다.
그런데 어차피 다 살았다고 주저하기에는
지금의 순간들이 너무 아깝고, 아름답다.
뻔한 말이지만 나이는 숫자일 뿐,
중요한 건 지금의 내 몸을 돌보고 마음을 살피는 일이다.

눈치 보고, 계산하고, 체념할 필요 없다.

몰라 몰라, 그냥 살아!
그러면 꽃길을 향해 걷는 걸음도
한결 가벼워질 테니까 말이야.

차례

추천의 말 • 4

프롤로그 | 80세가 어때서? 즐기며 살아요! • 8

Chapter 1
나이 드는 것이 아니라 익어가는 것

80세, 나쁜 것 빼고는 뭐든지 다 해보고 싶은 나이	• 23
뇌경색, 정신이 번쩍 들었다	• 30
아침으로 호텔 조식을 먹으러 간다	• 39
나에게 예쁜 말을 해줘야 꽃이 피어난다	• 46
저속 노화의 비결이 뭐냐고?	• 53
마지막까지, 삶에는 생동이 있어야 해	• 59
겨울을 이겨내면 영락없이 봄이 온다	• 66

Chapter 2
연기 60년에서 인생을 배웠다

내 안에 진탕을 담고 살지 마라	•75
가장 힘들 때, 나는 가장 부자였다	•83
나는 식당에서 연기를 배웠다	•91
당돌한 20대, 위기 속에서 찾아낸 기회	•98
연기 60년 인생에 지름길은 없었다	•104
그때 그 시절 순풍산부인과	•113
인생에서는 연기할 필요 없어	•120

Chapter 3
혼자 사는 법? 별거 없어!

나 자신과 절친으로 잘 지내는 법	• 131
눈을 치켜뜨고 '척'하며 살 필요 없어!	• 138
미운 사람도 스승으로 삼는다	• 145
말이 안 통할 때는 기세가 전부야	• 153
잘되면 좋고, 아니면 말아	• 160
인생은 혼자야! 그게 뭐 어때서?	• 165
직접 만들어야 내 행복이 된다	• 172

Chapter 4 내가 살아보니까 말이야

노년의 부부로 사는 법	•183
늙었다고 다 아는 건 아니야	•191
세상에 안 죽는 사람이 있나?	•198
종교 대통합의 장이 된 장례식장	•204
웃으며 이별할 수 있을까	•210
마음의 근육을 키우는 나만의 공간	•216
지금은 선우용여의 시간이야	•222

Chapter 1 나이 드는 것이 아니라 익어가는 것

80세, 나쁜 것 빼고는
뭐든지 다 해보고 싶은 나이

'순풍 선우용여', 최고령 유튜버가 되었다.
'순풍(順風)'은 '순하게 부는 바람'이다.
옛날에는 배가 항해를 하러 바다로 나섰을 때
바람이 부는 방향이 매우 중요했다고 한다.
돛을 펴고 순풍을 만나면 힘을 들이지 않고도
원하는 방향으로 술술 나아갈 수 있었다.
유튜브를 보는 분들의 삶도 순풍처럼

유려하게 흘러가길 바라는 마음으로 이름을 지었다.

나야 원래 유튜브가 뭔지도 잘 모르고, 본 적도 없었다.
지금까지 해오던 대로 TV에서 연기하고 예능하면서
훗날 건강하게 하던 일 잘 마무리하면 되겠거니 했다.
그런데 몇 년 사이에 세상이 얼마나 빠르게 바뀌는지,
어딜 가나 유튜브 얘기가 들리더니
어느 날부터는 걸출한 스타 PD들에게 러브콜이 왔다.
유튜브를 해보자고? 아이고, 나는 아무것도 모르겠다.
15년째 함께하고 있는 소영 작가에게 전화를 걸었다.

"소영아, 유튜브하자고 전화가 이렇게 많이 왔다.
유튜브가 뭐니?"

딸이나 다름 없는 소영 작가는 깔깔깔 웃고 본다.
그리고는 인터넷으로 보는 방송인데,
요즘에는 연예인들도 다들 유튜브를 한단다.

"그래? 어떻게 하지, 좀 알아봐줄래?"
"선생님, 그러면 이 제작진이랑 같이 해보면 어떨까요?"
"그래, 네가 하자면 하지."

그렇게 몇몇 제안을 두고 검토를 하고 있던 중에
소영 작가에게 다시 번뜩 연락이 왔다.

"선생님, 안 되겠어요.
제안 주신 곳들 모두 죄송하다고 연락할게요.
다른 괜찮은 분을 만났어요!"

어차피 소영 작가 말에 찬성할 준비만 하고 있던 터라
이번에도 주저하지 않고 고개부터 끄덕였다.
유튜브를 제안해준 여러 제작사에게는
미안하다고 양해를 구하고,
새로운 인연으로 만나게 된 사람이 바로 이석로 PD다.
고맙게도 내 영상을 꼭 담아보고 싶었단다.

첫 미팅을 가졌는데 참 인상이 좋았다.
요즘 누구보다 바쁘고 잘나가는 사람인데도
'난 척'을 전혀 안 하고 겸손한 모습이 무척 인상적이었다.
여태 나는 잘난 것 하나 없다고 생각하며 살았는데,
나이 80세를 먹고도 이렇게 좋은 인연이 찾아온다는 게
얼마나 감사한 일인지 모르겠다.
촬영하면서 자연스럽게 함께 있는 시간이 많아지니
지금은 아주 아들 같은 존재가 됐다.

그나저나 사람이 좋은 건 좋은 것이고,
지금까지 TV에 나오는 일만 해왔는데
유튜브에서는 뭘 해야 하나?

그렇게 함께 머리를 맞대고 고민하다가
내가 여태 살아온 삶에 비추어 할 수 있는 이야기를
솔직하고 다양하게 담아보자는 결론을 내렸다.
하고 싶은 이야기야 아주 많지. 젊었을 때는 몰랐던 것,

지나고 나니 보이는 것, 나이 들어서 알게 된 것들…….

세상이 빠르게 변해 먼저 살았던 어른들의 조언이
더는 필요하지 않은 세상이 된 것 같기도 하다.
그러나 내 안에 담고 묻어가기보다
밖으로 꺼내놓았을 때 쓸모가 생기는 연륜의 조각도
누군가에게는 유용할지도 모를 일이다.
보고 듣고 소화시키는 것은 각자의 몫이겠지만
내가 나눌 수 있는 것이 있다면 나누고,
삶을 관통하며 알게 된 것들을 전하고 싶었다.

유튜브라는 걸 상상도 해보지 않았으니 막상 시작하자
촬영 방식도, 결과물도, 영상을 내보내는 플랫폼까지도
모두 낯설었지만 그렇다고 큰 걱정이나 두려움은 없었다.
새로운 것에 도전한다는 각오보다는,
그냥 하고 싶으면 주저하지 않고 하면 된다는 것이
내 삶의 모토다. 몰라, 그냥 하는 거지 뭐!

설령 잘 안 되더라도 어쩔 수 없다.
결과물이 내 손을 떠나면 그때부터는 하늘의 뜻이다.

누군가는 '다 늙어서 무슨 유튜브야?' 할 수도 있겠지만,
80세가 되니 오히려 남의 시선이나 실패에 연연하지 않고
하고 싶은 대로 다 하면서 살고 싶다.
먹고 싶은 걸 먹고, 가고 싶은 곳에 가고,
만나고 싶은 사람 만나면서 살기만 해도 부족한 시간이다.
떳떳하고 당당하게 내 일을 하고 있다면
괜히 '이래도 되나?' 하고 남의 눈치를 볼 필요가 없다.
흔들리지 않고, 진정성 있게 가고 있다면 그걸로 된 거다.
어차피 내가 안 한다고 남도 안 하는 것도 아니거든!

나보다 훨씬 젊고 예쁜 나날을 보내고 있는 사람들,
창창한 미래를 향해 나아가고 있는 많은 사람에게도
하고 싶은 건 그냥 하라는 말을 꼭 해주고 싶어서
이렇게 유튜브에 첫 걸음을 디디게 됐다.

영상에도 가감없이 담고 있지만 80세도 맛있는 거 먹고,
가고 싶은 곳 가고, 만나고 싶은 사람 만나고 산다.

몰라 몰라, 그러니까 길게 생각하지 말고
뭐든지 그냥 하고 싶은 대로 하세요!

아, 나쁜 것만 빼고!

뇌경색,
정신이 번쩍 들었다

한창 무더위가 극성이던 그해 8월 여름,

여느 때처럼 예정된 녹화를 하러 가고 있는데

어쩐지 평소보다 몸이 뜨겁고 더웠다.

여름이니 당연히 더운 거지, 뭐.

대수롭지 않게 생각하고 일단 예정대로 촬영에 들어갔다.

그런데 분명 무슨 말을 하려고 애를 쓰는데

갑자기 혀가 굳어버린 것처럼 입 밖으로 말이 안 나왔다.

평소에 말이 빠른 편인데 갑자기 모든 게 멈춘 것 같았다.

진행자였던 김경란이 이상한 기미를 눈치채고
잠시 녹화를 멈췄다.
뭐라고 반응을 해야 하는데 말이 어눌하게 나오고
몸에 힘이 하나도 안 들어갔다.
나중에 들어보니 녹화 때도 말에 앞뒤가 안 맞았다고 한다.

천만다행인 건 건강 관련 프로그램이라
패널로 전문의 선생님들이 여럿 나와 있었다는 것이다.
근처에 있던 누군가 달려와 살피더니
나보고 손을 들어보라고 했다.
그런데 손에 힘이 안 들어가고 자꾸 바닥으로 툭 떨어졌다.

주변이 소란해지더니 날더러 빨리 병원에 가라고 했다.
그 와중에도 녹화가 끝나면 가겠다고 했는데,
단호하게 안 된다면서 날 병원으로 보냈다.

나중에 보니 그게 골든 타임이었던 것 같다.
그야말로 천운이 아닐 수 없었다.

그렇게 입원하게 되었는데 처음엔 특실에 들어갔다.
건강 검진할 때나 가봤지, 아파서 들어온 건 처음인데
특실이라고 좋을 게 아니었다.
아휴, 꼼짝도 못하고 아주 죽을 맛이다.
하루 종일 혼자 가만히 누워 있으면
매 시간마다 고운 얼굴의 간호사가 들어와
우아하게 체온을 재고 나간다.

얼마 후에는 의사 대여섯 명이 우르르 들어와서는
또 얼굴 한번 들여다보고 "기분은 좀 어떠세요?" 묻는다.
기분이 어떻긴 어때, 아픈데 안 좋지!

그렇게 특실에서 화장실 갈 때 빼고는 누워서만 지내다가
열이틀 정도가 지나니 갑자기 화딱지가 확 났다.

"선생님! 나 여기 있기 싫어요.
나 환자니까, 환자 있는 곳에 데려가주세요."

그랬더니 내일 4인실 환자 한 사람이 빠진다면서,
드디어 나를 4인 집중 치료실로 옮겨줬다.
그제야 주변에 나와 비슷한 다른 환자들도 있고,
병원 돌아가는 모습도 보이면서 좀 숨통이 트였다.
지친 얼굴의 간호사들이 바쁘게 돌아다니고,
다른 환자들은 어떻게 회복하고 있는지도 눈에 들어왔다.

물리 치료실에 들어갔더니 여기저기에서
'악!' 하고 비명 소리가 들린다.
그때 순간적으로 정신이 번쩍 들었다.
세상에 참 아픈 사람들이 이렇게 많았구나.

그 와중에 물리 치료 선생님이 나보고 종이를 내밀면서
손으로 집어보라고 하는데,

손가락을 아무리 움직여봐도 종이가 안 집어졌다.
내 손가락이 내 마음대로 안 움직이는 걸 보고
너무 놀라서 기절할 뻔했다.
사방의 비명 소리와 함께 내 마음속도 같이 울렁거렸다.
한쪽 다리는 마비가 와서 꼼짝도 않고, 말도 어버버한데……
이러다가 나 평생 못 걸으면 어떡하나……?

그때까지 8남매의 맏며느리로서
빚 갚고 식구들 먹여살리려 정말 최선을 다해 살았다.
워낙 일만 하고 살았더니 남편이 돌아가실 때까지
이렇다 할 친구 관계도 없었다.
같이 일하는 방송인들과 교류 정도는 했지만
개인적인 만남은 거의 갖지 않고 집과 일터만 오갔다.

내가 지금까지 나 자신을 위해서 해준 게 뭐가 있나?
여기 있는 아픈 사람들이 살려고 아등바등인 게
안타깝고 불쌍하면서도 내 처지도 다를 게 하나 없었다.

내가 어쩌다가 이렇게 되었나.
내 몸을 헌신짝처럼 여기고 정신없이 살다가
여기까지 왔구나.

살고 싶었다. 일어나야 된다고 생각했다.

그때 나의 인생관이 아예 바뀌었다.
큰일을 겪고 나서야 나 자신이 얼마나 소중한지 깨닫고,
나를 위해 살아야겠다는 결심을 하게 된 것이다.
경주하듯이 앞만 보고 달리다가는
피치 못하게 멈출 수밖에 없는 순간이 온다.
나에게도 결국 그 순간이 오더라.

그제야 정신이 좀 났던 것 같다.
앞으로는 나를 아끼면서 살아야 하는구나.
동서남북 주변을 둘러보면서 천천히 가야지만
오히려 더 멀리 갈 수 있다는 걸 절실히 배웠다.

다행히 20일쯤 치료를 받다가 퇴원을 할 수 있었고,
지금은 보시다시피 몸도 잘 움직이고 밥도 잘 먹는다.
병원도 자주 가려고 한다.
아이들이 놀이터에서 놀면서 성장하는 것처럼,
늙으면 병원이 놀이터다.
그래야 나이 들고도 건강하게 성장할 수 있다.

그 전까지는 그 흔한 영양제 하나도 안 챙겨 먹고
내 몸을 전혀 돌보지 않고 살았다.
하도 혈압약을 먹어야 한다고 하니 마지못해 챙겨 먹다가
남편이 돌아가시고 나서는 그마저도 끊었다.
그리고 딱 1년 만에 뇌경색이 온 것이었다.
나는 그제서야 내 나이를 알았다.
당시 나이가 69세, 내 몸뚱아리도 이렇게 나이를 먹었구나.
이제는 음식도 제대로 먹고, 운동도 해야 하고,
내 몸을 아껴야 할 때로구나.
그 후로는 알아서 비타민도 먹고 마그네슘도 챙겨 먹는다.

요즘에는 하루를 마무리할 때마다 빼먹지 않고
내 몸을 쓰다듬고 만져본다.
"용여야, 오늘도 고생했다~ 수고했다~" 말해주며 토닥인다.
오늘도 건강하게 무사히 보내준 내 몸에 고마워하며
하루를 차분하게 마무리하는 나만의 의식인 셈이다.
남들과는 백날을 수도 없이 대화하면서,
내 몸에 귀를 기울이고 말을 걸어주는 것에는
여태껏 왜 이렇게 소홀했던지 모르겠다.

최근에 나온 드라마 〈다 이루어질지니〉에서는
램프의 요정 지니가 나와 세 가지 소원을 들어준다.
드라마의 인기 때문인지 '만약 나라면 무슨 소원을 빌까?'
한 번쯤 생각해보는 사람들이 많은 것 같다.
아무래도 누구든지 과거로 시간을 되돌려
더 좋은 선택을 하고 싶은 욕망을 외면하기란 쉽지 않다.
80세가 된 지금, 내가 만약 젊을 때로 돌아가게 된다면
그 무엇보다 내 몸을 사랑하는 방법,

건강을 관리하는 방법부터 배울 것이다.

살아보니 세상엔 혼자 잘난 사람도, 못난 사람도 없더라.
결국은 건강하게 내 몸을 챙기면서 살다가
안 아프고 죽는 것만큼 훌륭한 일은 없다.
69세까지 내 몸을 헌신짝처럼 다루고 나서야 배우게 된
뼈아픈 교훈이다.

아침으로
호텔 조식을 먹으러 간다

혼자 사는 사람이 삼시세끼를 챙겨 먹기 위한 노력이란
젊은 사람이든, 나이 든 사람이든, 학생이든 직장인이든
또 연예인이라도 다르지 않다. 일단은 장을 봐야겠지.
하루마다 바로 먹고 소진할 수 있는 신선한 식재료를 사서
정성껏 요리해 먹는다면 가장 좋겠지만,
바쁜 현대인에게는 아무래도 비현실적인 그림이다.
적어도 1, 2주는 먹을 수 있는 식재료를 한꺼번에 사서

냉장고에 넣어두고 머릿속으로 식단 구성을 해야 한다.

금방 상하는 것과 냉동실에 오래 두고 먹을 수 있는 것,
유통기한이 얼마 남지 않은 식재료의 리스트를 분류하고
빨리 먹어야 하는 재료부터 이용해서
바로 만들 수 있는 요리가 무엇이 있는지 떠올려본다.
이 과정이 착착 이루어지지 않으면
냉장고는 순식간에 먹고 남은 식재료의 무덤이 된다.
물론 바쁜 아침에 잠을 줄이고 몸을 움직여
아침을 차리는 육체 노동은 또 별개의 문제다.
그러니 혼자 사는 사람이 기특하게도
온전히 자신의 힘으로 밥을 챙겨먹고 있다면
크게 칭찬해줘도 좋은 일이다.

남편이 살아 계실 때나 자식들을 키울 때는
나도 부지런히 밥을 차려 먹었지만
혼자 살기 시작하니 그렇게 챙겨 먹기가 쉽지 않았다.

아침에는 촬영 시간에 맞춰서 눈을 뜨고 일어나
직접 헤어와 메이크업을 하고 나가는 것만으로도 바빴다.

또 연기자도 나름의 직업적인 고충이 있는데,
특히 하루 종일 촬영을 진행하는 날에는
식사도 제대로 하기 어려울 때가 많다.
요즘엔 사정이 좀 나아졌지만 예전엔 야외 촬영을 가면
큰 대야 같은 통에 담긴 밥에 된장찌개, 김치 정도가
한 끼 식사의 전부였다.
급기야 TBC 연속극 〈외아들〉을 촬영하다가는
결국 영양실조로 쓰러진 적도 있었다.
몇 번 더 그런 일이 반복되었지만 그때는 경각심이 없었다.
젊으니 그저 그러려니 했다.

그러다가 뇌경색으로 쓰러지고 나서야 정신을 차렸다.
다른 건 몰라도 내 몸에 들어가는 건
조금이라도 더 좋은 음식을 먹어야 하는구나.

그동안 나를 위해서 해준 게 너무 없었다.
그때부터 일주일에 서너 번은 아침에 집을 나서서
호텔 조식을 먹으러 가기 시작했다.

조식 뷔페가 5, 6만 원씩 하니 절대 적은 돈은 아니었다.
너무 과하다, 사치스럽다고 생각할 수도 있지만
혼자 살면서 마트에서 많은 식재료를 사고 버리는 것도
적잖이 부담스러운 것은 마찬가지였다.
냉장고에는 남은 식재료가 하릴없이 쌓이고,
영양을 골고루 챙기기도 어려웠다.

지금까지 나도 여느 엄마들처럼
자식과 남편을 위해 쓰는 돈은 아끼지 않았지만
나를 위해 비싼 명품을 사거나 고급 레스토랑에 가진 못했다.
이제 아이들도 다 키워 독립시켰으니,
먹는 것만큼은 나를 위해 아까워하지 않고 쓰기로 했다.
내가 아프면 자식들도 고생이라는 생각도 한몫했다.

나름대로 합리적인 선택이라고 생각하면서도
처음에는 본전 생각부터 나는 건 어쩔 수 없었다.
또 먹을 게 눈앞에 너무 많이 보이니까
정신 없이 먹다가 점점 살이 쪘다.
뷔페에서 배가 터지게 먹지 않으면 왠지 손해본 것 같잖아!
그래도 이제는 자주 가다 보니 점점 절제도 배우고,
나에게 맞는 음식과 양도 조절해 먹는다.

아침에 운전해서 호텔에 도착하면 오전 7시쯤이다.
접시를 들고 과일, 샐러드, 적당한 잡곡과 오렌지 주스,
또 건강한 한식도 챙겨 담는다.
나이가 들면서 웬만하면 빵도 끊고,
달고 기름진 음식도 먹지 않으려고 하면서
혈당 조절을 하니 건강이 더 좋아졌다.
가공육이나 가공식품은 되도록 피하고,
집에서 라면을 끓여 먹더라도 스프는 생략한다.
미역, 북어 같은 해산물을 넣어 건강식으로 먹고 있다.

확실히 집에서 혼자 먹으면 음식 맛도 덜하다.
무엇보다 별다른 스케줄이 없는 날,
집에만 있으면 시간의 흐름에 무뎌진다.
아침에 일어나 외출 채비를 하고, 옷도 차려 입고,
사람들 사이에서 군중의 일부가 되어
맛있게 아침을 먹는 즐거움은 생각보다 꽤 크다.
노년에는 내가 세상의 흐름 속에서
혼자 소외되어 있다는 기분이 들기 쉬운데,
일단 사람들 사이로 나가야 에너지도 생기고
기분도 한결 좋아진다.

아침을 조금씩 골고루 먹으면서
내 몸이 음식을 맛있고 즐겁게 받아들이는지도
주의 깊게 귀를 기울여본다.
일부에서는 내가 누구에게 뽐내거나 보여주고 싶어서
굳이 호텔 조식을 먹으러 간다고 오해도 하는 것 같다.
하지만 그건 전혀 아니다.

나는 따로 보험도 안 들고, 주식도 안 하고 있다.
이 정도면 나를 위해 주식(株式) 대신 조식(朝食)으로 하는
훌륭한 투자가 아닐까?

내 몸에 맞는 음식을 골고루 먹으며 하루를 여는 시간은
내 건강을 돌보겠다는 나와의 과감한 약속이고,
미래를 위한 가장 안전한 투자다.

나에게 예쁜 말을 해줘야
꽃이 피어난다

같은 화분에 같은 식물을 키울 때,
한쪽에는 칭찬하는 말을 들려주고
다른 한쪽에는 부정적인 말을 했더니
신기하게도 칭찬을 들은 식물이 더 푸르게 자랐다고 한다.
부정적인 말을 들은 식물은 반대로 갈색으로 시들어갔단다.
과학적으로 설명하기는 어렵지만 말에는 분명 힘이 있다.
말이 안 통하는 식물도 그러한데 하물며 사람은 오죽할까?

돈도 안 드는 일인데 이왕이면 예쁘다, 예쁘다 해줘서
손해볼 건 아무것도 없다.

노화는 자연스러운 일이지만 거울 속 늘어나는 주름이
짐짓 야속하고 서운한 마음도 어쩔 수가 없는 일이다.
그렇다고 아침마다 내 얼굴을 한탄하고, 미워해야 할까?
무리하게 젊어 보이려고 성형이라도 해?
그 모습을 자꾸 외면하고, 미워하고, 부정한다고 해서
시간이 나를 비껴가지는 않는다.
40대면 40대, 50대면 50대의 나이를 그대로 받아들여야
지금의 나를 더 예쁘게 볼 수 있게 된다.

그래서 아침마다 거울 속 나를 향해 이렇게 말해주는 건
필연적인 노화를 대하는 나의 타협안이자
오늘의 새 하루를 위한 기쁜 초대장이기도 하다.

"용여야, 너 너무 예뻐!"

예쁘다는 말이 20대, 30대에만 허용되는 특권은 아니잖아!

사람들이 동의할지 모르겠지만
80세가 간직하고 있는 80세만의 예쁨도 있다.
눈가의 주름은 젊은 날부터 차곡차곡 적립해온 웃음의 기록,
입가의 주름은 단 하루도 허투루 보내지 않고
치열하게 일해온 부지런의 증거이니 미울 이유가 없다.

그저 아름답고 온전하게만 살아온 삶이라면
그 결과로 도달한 늙음이 원망스럽고 부질없을지도 모른다.
그러나 우리의 젊은 날은 모두가 서툴렀고,
숨가쁜 쉼표의 연속이었다.
그 맹렬한 삶의 흔적이 얼굴에 고스란히 남았다.
결코 젊다고는 말할 수 없는 시점에 접어들어
그런 자신을 아낌없이 예뻐해주는 걸 보고
누구도 더 이상 공주병, 잘난 척, 자아도취라고
함부로 지적할 수는 없을 테다.

이 역시 나이 들어 좋은 점 중의 하나라고나 할까.

거울 속의 나에게 칭찬해주는 게 익숙지도 않고
처음에는 조금 머쓱할 수도 있다.
하지만 제법 살면서 느낀 건
인생의 모든 것이 연습이라는 점이다.
나를 예뻐하는 것도 연습이다.
좋은 걸 그냥 흘려보내지 말고, 자꾸 연습을 해서
마침내 내 것으로 만들어야 한다.
거울 속의 나에게 말을 걸어주고 사랑을 주는 것도
연습을 해야만 익숙해진다.

물론 젊을 때는 가만히 있어도 빛이 난다.
30, 40대까지는 아침에 막 일어나도 예쁘다.
화장을 안 해도 예쁘고, 거적때기를 걸쳐 입어도 예쁘다.
그런데 80세가 되면 아침마다 힘 없는 머리카락이
사방으로 뻗쳐 있고, 얼굴에 베개 자국도 잘 안 없어지고,

거울 속 내 모습이 아주 난리도 아니다.
그러니 나이가 들수록 오히려 나를 더 가꿔주어야 한다.
외면이든 내면이든 마찬가지다.
나를 더 가꾸고 사랑하는 건 80세인 지금부터
본격적인 시작인 셈이다.

"용여야, 너 오늘도 건강하구나. 행복하지?"

이 말로 하루를 시작하면,
80세의 남은 날들이 아까울 만큼
지금이 한층 더 소중하게 느껴진다.

다른 사람에게도 마찬가지다.
살다 보면 결혼한 남편과 아내 사이에도
서로가 꼴 보기 싫을 때가 생길 수 있다.
그러엄, 햇빛 쨍쨍한 날과 비바람 치는 날에
사람 마음의 온도가 달라지는 것처럼,

아무리 죽고 못 사는 사이라도 어떨 땐 미운 게 당연하지.
그런데 늦잠 자는 남편의 이불을 걷어던지면서
"일어나!" 짜증을 내면 더 미워진다.
미워지면 그 사람이 꼴 보기 싫은 내 마음이 더 힘들다.
같이 살면서 늘 얼굴을 마주보는 사람을 미워하면
나 자신을 학대하는 꼴이 되어버린다.

그럴 땐 그냥 그 사람에게 일부러라도 예쁜 말을 해주면
나에게도 좋은 말이 돌아온다. "일어나, 여보~"
예쁘게 말하면 상대방도 웃는 얼굴에 침을 못 뱉는 법.
결국 좋은 말을 하는 게 나에게 좋은 것이다.

미국에 살고 있는 딸 연제네 집에 가보면,
걔네 부부는 아침에 일어나서 서로 굿모닝 뽀뽀도 해주고
늘상 웃으면서 아침을 맞이한다.
일부러 힘을 내서 그렇게 하는 게 아니라
그냥 익숙한 습관인 것 같은데 참 보기 좋다.

내가 신혼일 때는 그게 참 낯부끄러워 차마 그러지 못했다.
근데 음, 나도 좀 그럴걸. 지금 와서는 내심 아쉽다.
나에게든 남에게든, 예뻐하는 것도 자주 해봐야
잘할 수 있게 되는 것 같다.

사람이 항상 젊고 예쁠 수는 없고,
가는 세월은 내가 어찌하지 못한다.
하지만 적어도 나를 행복하게 하는 힘은
다른 사람에게 있지 않다.
내가 날 예쁘게 만들고, 나를 행복하게 만드는 거다.
늙었다고 한탄해서 뭐 해, 가는 세월을 어떻게 잡아?
"너 왜 이렇게 늙었니?" 하면 마음이 같이 늙는다.

예쁘다, 예쁘다 해야 기뻐진다.

저속 노화의
비결이 뭐냐고?

요즘에는 늙는 것에도 트렌드가 있나 보다.
한때는 동안을 유지하는 화장법이나 비결을 떠들더니
요즘에는 '저속 노화'가 대세란다.
늙는 건 어쩔 수 없지만 이왕이면
천천히, 건강하고 우아하게 늙어가자는 뜻인 것 같다.
젊은 사람들이 생각하는 80세의 모습이
꼬부랑 할머니 같은 이미지라면

나는 나이에 비해 꽤 건강하고 활기차게 살고 있는 편이다.
나이만큼으로는 안 보인다는 소리도 많이 듣는다.
뭐, 빈말도 있겠지만 어쨌거나 듣기 좋은 소리다.

내가 나이보다 젊고, 건강하고,
행복한 할머니로 살고 있는 비결이 있다면
그중 하나는 아마도 명상인 것 같다.
불교 신자라서 고요하게 앉아 참선도 많이 한다.
참선은 머릿속에 있는 어지러운 생각을 흘려보내고
내 마음을 가만히 들여다보는 일이다.
그렇게 머리를 비우려고 차분하게 앉아 있으면
어떨 땐 별의별 잡념이 다 몰려온다.
그러다가 결국 에휴, 모르겠다, 몰라! 하고 말 때도 있다.
그래도 머릿속을 정리하려고 가만히 앉아 있는 것 자체가
왠지 모르게 마음의 무게를 한결 가볍게 덜어준다.

또 살아보니 꼭 이렇게 앉아서 하는 참선만 명상이 아니다.

계절의 변화를 느끼며 걷는 순간도 명상이고,
누군가를 기다리는 것도 명상이고,
운전을 하면서 차가 막힐 때도 명상의 시간이다.
운전하다가 '왜 이렇게 막혀!' 하고 짜증내고 초조해하면
내 마음만 홀로 괴롭다.
어쩔 수 없는 일 때문에 마음을 나쁘게 만들 필요가 없다.
남편 때문에 삐죽 화가 치밀었을 때도
잠시 돌아서서 '이 사람이 나를 깨우쳐주는구나' 하고
마음을 가다듬으면 싸움이 안 된다.
그게 모두 살아가면서 겪는 생활 속 명상의 시간들이다.

촬영장에 가면 어떨 땐 역할이 작아서
온종일 녹화가 진행되는 걸 마냥 기다려야 할 때도 있다.
사실 연기자의 일에서 상당 비율을 차지하는 게
이런 기다림이다.
빨리 퇴근하고 싶은 마음이야 다 같겠지만
그때도 명상한다고 생각하면 아무렇지도 않다.

기다리다가 내 차례가 오면 하면 되는 거다.

아침에도 하루를 시작하는 나만의 오래된 루틴이 있다.
일어나자마자 가족들, 우리 아이들과 손자 손녀들,
그리고 나를 봐주고 응원해주는 고마운 시청자분들을 위해
감사한 마음을 담아 기도를 한다.
"모두 건강하고 행복하셨으면 좋겠습니다" 하고.

20대 초반만 해도 일할 수 있음에 감사한 줄을 잘 몰랐는데
미국에 갔다가 다시 연기자로 복귀한 뒤에는
시청자가 없으면 내가 없다는 걸 새삼 느꼈다.
봐주는 분들이 없으면 내 일 자체가 필요하지 않으니
모두가 참 감사한 분들이다.

물론 나 자신을 위해서도 기도한다.
요즘에는 유튜브 구독자분들의
건강과 행복을 바라는 기도가 추가되었다.

유튜브를 하면서 내 삶이 크게 달라진 건 없지만
누구든 재미있게 봐주시면 좋은 것이고,
그분들께 잠시나마 즐거움이 된다면 나에게도 기쁜 일이다.
이렇게 아침에 깨끗한 마음으로
사랑하는 사람들과 감사한 분들을 쭉 떠올리고 기도하면
하루를 기분 좋게 시작할 수 있다.
그 마음으로 하루를 보내면 마음이 평온해진다.

내가 이렇게 감사를 느끼며
명상을 통해 마음을 평화롭게 하려는 건
꼭 보살처럼 살기 위해서가 아니라,
순전히 나 자신을 위해서다.
너무나 소중한 나 자신이 몸도 마음도 건강하게 살다가
말년을 잘 마무리하길 바라기 때문이다.
한치 앞을 모르는 삶, 더구나 80살이 넘은 삶에서
내가 어떻게 마음 먹느냐에 따라
남은 세월의 행복이 결정되는 것이니까.

매일 늙고 있다는 걸 잘 알기 때문에

지금 이 순간의 나를 더 소중히 하는 마음이

궁극적으로는 저속 노화의 핵심 비결이지 않을까?

마지막까지,
삶에는 생동이 있어야 해

젊은 사람들은 노후 준비를 해야 한다고 하는데
살다 보니 어느새 내가 바로 그 노후에 와 있다.
눈 깜짝할 새 인생의 노년기에 도착한 것이다.

젊었을 때 나도 지지 않을 만큼 열심히 살았으니
이제 은퇴를 해도 충분한 나이다.
젊을 때는 나의 노후에 대해 나도 가늠이 잘 되지 않았다.

그런데 막상 지금에 와서 보니
80세도 이전의 삶과 크게 다르지 않다.
건강 관리만 잘 해왔다면 내가 할 수 있는 일은 계속하고,
날씨가 좋으면 기지개를 펴고 집 밖으로 외출도 하고,
적당한 행복과 적당한 스트레스 사이에서
단단하게 균형 잡으며 살아가는 것이
내가 겪고 있는 노년의 모습이다.

아침에 일어나면 블루투스 스피커로
기분 좋아지는 음악을 틀어준다.
스킨 케어는 간단하게 하지만 빼먹지는 않는다.
음악을 틀고 로션을 바르다 보면
몸도 상쾌해지고 기분이 밝아지는 게 느껴진다.
침대에서 오래 밍기적거리지 않으려고
일부러 화장품도 방이 아니라 거실에 놓아두었다.
80세라도 아침에는 침대를 박차고 일어나 몸을 움직이고,
또 예쁜 선물처럼 나를 포장하는 일도 게을리하지 않는다.

사는 동안에는 몸을 계속 움직여야 한다고 믿기 때문이다.
나이 들면 근육이 점점 줄어들기 때문에 헬스장도 다닌다.

촬영이 있는 날에는 지난 60년 동안 그래왔던 것처럼
직접 헤어와 메이크업을 하고
차를 운전해 촬영장으로 나간다.
지금도 내가 할 수 있는 일이 있다는 게
나로서는 참 감사하다.
물론 연기자는 어린 아이부터 노인까지 필요한
다소 특수한 업계이기도 하지만,
꼭 그게 아니더라도 나는 노인들이 무엇이든
자신이 할 일을 찾았으면 좋겠다.

젊을 때 돈을 많이 벌어놓고 빠르게 은퇴하여
노후에는 아무것도 하지 않고 쉬는 것이 행복한 노후일까?
나는 오히려 그게 지옥이라고 생각한다.
나도 일이 없었으면, 최소한 좋아하는 취미라도 없었으면 무척 우울했을 것 같다.
지금 이 순간에 나는 또렷하게 살아 있고,
삶에는 생동이 있어야 하기 때문이다.

정년 퇴직하고 여행을 가는 것도 좋지만,
그 시간을 즐기고 나면 다시 일상으로 돌아와야 한다.
그때 뭘 해야 할까?
젊을 때 바쁘게 달리는 기차 위에 있다가
갑자기 내려서 우뚝 멈춰 있기만 하는 걸
행복한 노후라고 할 수는 없을 것 같다.
갑자기 모든 걸 멈추듯이 노년을 맞이하기보다는,
새로운 자리에서 새롭게 할 수 있는 일을 찾으면
오히려 또 다른 삶을 사는 것 같은 만족감을 느낄 것이다.

모든 직업은 사회를 이루는 크고 작은 톱니바퀴이기에
좋은 일과 나쁜 일이 없고, 말 그대로 직업엔 귀천이 없다.
왕년에 변호사였든 의사였든 자부심은 소중히 간직하되

거기에 얽매여 뒤만 돌아보며 살아서는 안 된다.
퇴직 후에는 다시 지금 할 수 있는 일을 하면 그만이다.

우리나라에서는 직업을 갖는다는 것을
곧 돈과 명예의 척도라고 생각하는 사람이 너무 많은데
그런 기준을 두고 있으면
그 일을 할 수 없게 되었을 때 자신을 잃기 쉽다.
노인이 되면 어쩔 수 없이 신체적 기능이 저하되고
젊을 때 할 수 있었던 일을 할 수 없는 시기가 온다.
젊을 때의 직업과 자신의 본질을 동일시하고 있으면
언젠가 노후에는 자신이 초라해지고 작아질 수밖에 없다.

우리 시대에는 대학교, 대학원까지 나왔는데도
아이 키우느라 일로 복귀할 수가 없어서
전업 주부로 살게 된 사람들이 많았다.
그러다 아이들이 커서 독립하고,
부모도 은퇴할 나이가 되면 급격히 공허해지기 쉽다.

상황상 어쩔 수 없을 때도 있겠지만
그렇더라도 어떻게든 일단 몸을 움직여 나가봐야 한다.
가만히 앉아서 머리를 굴리는 게 아니라
내 마음이 어디로 향하는지 들여다보고 마음을 굴려야 한다.

쉴 때 축 쳐지다 보면 마냥 몸이 굳을 것 같아
새로운 취미를 가져보는 것도 나는 즐거웠다.
특히 도자기 만드는 게 좋아서 8년이나 했는데
뇌경색이 온 뒤로 어려워져서 손을 놓게 됐다.
요즘에는 또 민화에 관심이 가고 있다.
민화를 배우고 싶어서 선생님을 알아보고
홍대로 한동안 배우러 다녔다.
민화는 색깔이 참 곱고 예뻐서
종이에 사부작거리며 그림을 그리고 있으면
하루가 후딱 가버린다.

배움은 꼭 직업을 갖기 위해서 필요하거나,

취업 준비로 스펙을 쌓기 위해서만 필요한 게 아니다.

80세에도 뭐라도 하나 더 배우면

내 삶이 그만큼 풍요로워지고,

적어도 시간이 멈추지 않는다.

배움을 멈추면 늙는다. 뭐라도 하면, 매일이 생생해진다.

겨울을 이겨내면
영락없이 봄이 온다

돌이켜보면 뇌경색이 오기 얼마 전, 몸에 신호가 왔었다.
MBC 드라마 〈사랑이 뭐길래〉 녹화를 하러 가려고
아침에 준비를 하고 있는데 갑자기 오른쪽 눈이 터졌다.
말 그대로 빨간 페인트가 팡 터지는 것처럼
눈앞이 붉어지더니 순식간에 먹먹해졌다.
그대로 반대쪽 눈을 감아보니 앞이 캄캄한 게
세상이 정전된 것처럼 아무것도 안 보였다.

그래도 어떡해, 약속된 촬영은 해야 하는데.
눈 안쪽의 망막이 터진 것이라 겉으로는 멀쩡해 보였다.
조금 불안했지만 그대로 촬영을 갔다.

평소 내가 건강한 체질이라고 믿고 있어서
막연하게 괜찮을 거라고 생각했던 것 같다.
몸에서 선명하게 보내오는 신호조차 무시했던 것이다.
그리고 6개월 뒤에 뇌경색이 왔다.
몸이 나이 들고 있다는 것도 모르고,
영원히 건강할 줄 알고 몸을 전혀 챙기지 않고 살았으니
내가 참 자만했다.

그 무렵에 돌아가신 남편이 꿈에 하얀 옷을 입고 찾아왔다.
혹 곁으로 올 준비를 하라는 의미였을까……?
그 이후로는 다시 꿈에서 본 적이 없다.

몸이 한번 아프고 나니 절로 삶을 돌아보게 되었다.

나 역시 내가 살아온 세월 외에는 알지 못하기에

인생을 통달한 것처럼 이야기할 수는 없다.

하지만 적어도 내가 살아온 80년을 돌아보면

인생이라는 게 참 별 게 아니었다.

아무리 잘나도 80세가 오고, 늙고, 언젠가는 죽음이 온다.

아무리 못나도 마찬가지다.

결국 잘나고 못난 건 아무것도 아니고,

주어진 삶을 마지막 순간까지 건강하게 살아가는 게

가장 잘난 것이라는 생각이 든다.

아픔은 특별히 나에게만 오는 것이 아니라

예고 없이 누구에게나 닥쳐올 수 있다.

아픔을 견뎌내기 위해서 오늘을 더 소중히 여겨야 한다.

오늘 지나간 시간은 다시 돌아오지 않는다.

그러니 누구보다 내가 나의 매 순간을 사랑하고,

나 자신을 아껴주며 나를 위해 살아가야 한다는 생각을

그때 절실히 했다.

젊다고 하여 노년이 안 오는 것이 아니구나.

젊은 날에는 창창한 앞날을 위해 나를 사랑하고,
나이 들어서는 더더욱 이제부터라는 생각으로
나를 사랑하고 살았으면 좋겠다.
그렇게 나를 사랑했고, 나를 잘 돌보고,
내 일에 최선을 다했다면
언젠가 떠나는 순간까지도 누구에게 신세지지 않고
후회 없이 삶을 잘 마무리할 수 있지 않겠는가.
그렇게 건강하게 마지막 인사를 건네고 떠나는 삶이
가장 값지고 훌륭한 것이 아닌가 싶다.

등에 짊어진 삶의 무게가
온몸을 아프게 하고
매일 해결해야 하는 일 때문에
내 시간도 없이 살다가
평생 바쁘게 걸어왔으니

다리도 아픕니다

우리 늙어가는 것이 아니라
조금씩 익어가는 겁니다

노사연의 노래 〈바램〉이다.
이 노래만 들으면 눈물이 나서 처음에는 부르질 못했다.
내 인생이 파노라마처럼 스쳐가는 듯했다.
짊어진 삶이 무겁고 바빠 걷느라 다리가 아프지만,
때로는 외롭게 세월 한복판에 덩그라니 남은 듯하지만,
그 시간을 걸어 우리는 조금씩 익어가고 있다.
긴 세월을 그저 지나온 것이 아니라,
그 한 걸음 한 걸음이 나를 꽃피웠으며
열매를 맺게 하고 무르익게 만든 거름이 되었다.

삶은 우여곡절을 가지고 물 흐르듯이 흘러
어떨 때는 파도가 세고, 어떨 땐 잔잔한 호수 같다.

주어진 고난에 한탄하며 머물지 않고 기다리면
언젠가는 틀림없이 다 지나간다.
추운 날에는 잠시 몸을 웅크리면서
조금 기다리면 봄이 오겠네, 생각해도 된다.
이런 마음으로 살다 보면 겨울이 지나가고
영락없이 봄이 온다.

Chapter 2

연기 60년에서 인생을 배웠다

내 안에
진탕을 담고 살지 마라

내 삶의 제일 큰 위기는 가장 행복해야 할 순간에 왔다.

TBC에서 드라마 〈상궁나인〉으로 데뷔하고 나서
2~3년쯤 지났을 때였을까?
이모 소개로 전화번호를 받았다며
웬 전라도 말씨를 쓰는 남자에게 자꾸 전화가 걸려왔다.
"여보쇼!" 하는데 그때는 어디 사투리인지도 몰랐다.

처음에는 괜히 무서워서 그냥 끊어버렸다가,
네다섯 번째 꾸준히 전화가 걸려와 "한번 봅시다!" 하기에
호기심에 직접 만나보게 되었다.

사업가이자 10살이나 연상이었던 그의 첫인상은
일단 굉장히 카리스마가 넘쳤다.
나랑 만나기 시작하면 이제 다른 여자는 안 만나겠다며
호기롭게 선언하던 모습이 재미있기도 했다.
그렇게 만남을 시작했는데, 결과적으로 그 인연이
나의 첫 연애이자 마지막 연애가 되었다.
만난 지 1년 반쯤 되었을 때 결혼을 약속하고서
그가 결혼 허락을 받으러 우리 집에 인사를 왔다.
그런데 부모님은 결혼을 반대하셔서 절도 안 받았다.
나이 차이가 많기도 했고, 또 남편이 8남매 중 장남이라
시집살이가 극심할까 걱정되기도 하셨던 것이다.

나참, 그런데 무슨 결심을 했는지 남편은

그 길로 나를 워커힐 빌라로 데려갔다.
일종의 사랑의 도피였달까?
한 20일 정도 그 안에서 꼼짝하지 않고 노닥거리며
럭셔리한 감금 생활을 했더니…… 딸 연제가 생겼다.
그 사실을 알리니 부모님도 결혼을 허락할 수밖에 없었다.
그 시절엔 임신했으면 무조건 '고'였다.

여배우가 혼전 임신을 했다고 메스컴이 떠들썩했지만
진짜 문제는 그게 아니었다.
바로 결혼식 당일에 일이 터졌다.
지금의 롯데호텔 명동점인 반도호텔에 식장을 예약하고
드레스를 입고 대기하고 있었는데,
식을 올릴 시간이 가까워지고 아무리 기다려도
도대체가 신랑이 안 나타나는 것이다.
아니, 신랑 없는 결혼식이라니 무슨 날벼락이람!

그때 낯선 사람이 나를 찾아와선 종이 한 장을 내밀었다.

지금 신랑이 경찰서에 잡혀 있으니,
이 종이에 도장을 찍으면 신랑을 풀어주겠다는 이야기였다.

그때 내가 겨우 23살이었다.
일단 신랑이 나와야 한다는 생각에
아무것도 모르고 시키는 대로 도장을 찍었다.
다행히 경찰서에서 풀려난 신랑을 보고
이제 잘 해결된 줄 알았지만
그는 전혀 그런 표정이 아니었다.
오히려 도장을 왜 찍었느냐며 난색이 역력했다.
알고 보니 그 도장은 내가 남편의 빚을 떠안고
빚쟁이가 된다는 뜻이었다. 보증 서류였던 것이다.

남편은 열여덟에 아버지를 여의고,
누나의 사돈 되는 분을 아버지처럼 여기고 자랐다고 한다.
그런데 그분이 국회의원에 출마하려고
1,750만 원을 어음을 주고 빌렸다.

이때 남편이 보증을 섰는데, 그걸 갚지 못하게 되어
남편까지 같이 경찰서에 잡혀 들어갔던 것이다.
1,750만 원은 지금으로 따지면 200억 원에 이르는
그야말로 엄청난 돈이었다.

생전 한번 손에 잡아보지도 못한 돈을 갚아야 한다는 건
태어나서 처음 느껴보는 공포였다.
심지어 결혼하는 순간에 그 엄청난 빚을 떠안게 됐으니…….
처음에는 전혀 실감이 나지 않았다.
천천히 현실을 인지하고 나니
이제는 아예 공포감도 사라지고 오히려 담담했다.
이미 나에게 생긴 일을 부정할 겨를이 없었다.
이제 뭘 해야 하지?
그때 내가 결심한 건 이제 닥치는 대로 일을 해서
아무튼 돈을 벌어야겠다는 것이었다.
그때까지는 연기가 필사적이지는 않았다.
포옹신을 찍기 싫어서 영화도 안 하려고 했다.

하지만 이제 죽기살기였다.

내 잘못으로 생긴 빚은 아니지만

전생의 빚인가 보다 하고 받아들였고,

오로지 돈을 벌기 위해

주어지는 일은 뭐든지 하기 시작했다.

그때는 살인적인 스케줄을 밀어붙이며

영화를 닷새 만에 찍기도 하는 시대였다.

그렇게 닷새 동안 영화 한 편을 촬영하고 나면

얼마나 잠을 못 잤는지 눈도 안 감겼다.

손으로 눈꺼풀을 내려 억지로 눈을 감은 채

한참 쉬고 나서야 겨우 잠이 들 수 있었다.

첫째 연제를 낳고 나서는 일주일 만에 다시 일을 시작했고,

출산 후 3개월 만에 차가운 바닷물에 들어가는

혹독한 촬영도 군말없이 감수했다.

그렇게 닥치는 대로 일도 하고 재테크도 해서

내가 진 빚도 아닌 1,750만 원을 갚는 데 10년이 걸렸다.

내 인생이 왜 이렇게 되었나, 그런 생각보다는
딱 눈앞에 주어진 일만 보면서 살았던 것 같다.
그때 현실을 원망하고 미운 마음을 담고 살았다면
삶도 연기도 온통 지옥이지 않았을까?
내가 부처 같은 마음을 가져서가 아니라
아마도 나 자신의 삶을 진탕으로 만들지 않기 위해서
그렇게 이겨낼 수 있었던 것 같다.

지금 돌이켜보면 오히려 젊을 때 고생하고,
그때 돈을 벌기 위해 닥치는 대로 도전했던 게
내가 진짜 연기자로 거듭나며
젊은 날보다 좋은 노후를 맞이하는 자양분이 되었다.
삶이 늘 평탄할 수는 없는 노릇이기에
힘들고 고통스러운 날들이 찾아올 수도 있다.
그런데 이미 일어난 일에 언제까지고 머물러
무너진 채로 있어서는 안 된다.
이미 일어난 일이라는 걸 인정하고

'어떻게 이겨낼지'를 생각해야 다음이 온다.
현재의 고통에 빠져 한탄만 해봐야 나아지는 건 없다.

더구나 연기자로서 살아왔기에
나는 백지 같은 삶을 유지하려고 했다.
안 좋은 일이 생겨도, 또 걱정거리가 있어도
미리 불안해하거나 고민하지 않는다.
삶 속의 고민거리에 빠져 있으면
드라마 속 역할에 몰입할 수가 없다.
늘 백지처럼 깨끗한 도화지 상태로 살아야
드라마 속 인물이 되어 연기를 할 수 있다.

그래서 내 안에 진탕을 담아두고 싶지는 않다.
늘 영혼을 치료하고, 세탁하면서,
깨끗한 상태로 살아가는 것이 내 인생의 지표이자
또한 연기자로서의 원칙이기도 하다.

가장 힘들 때,
나는 가장 부자였다

결혼 후에 오히려 그 전보다 더 열심히 일하다 보니,

나름대로 잘나가는 배우가 되어 있었다.

한창 일이 밀려들어와 혼이 쏙 빠진 채 하루하루를 보냈다.

매일 정신 없이 촬영을 소화하다 보니

집에 있는 시간도 별로 없었다.

아들 딸 다니는 학교에 얼굴 한번 못 비추고,

졸업식도 못 가면서 살았다.

빚을 갚는다고, 돈 번다고 사실상 내 일상은 없었던 셈이다.

그런데 어느 날, 어린 딸 연제가 나를 보고 문득 물었다.

"엄마, 옆집 아줌마는 왜 집에 있어?"

항상 집에 없는 엄마만 보고 살았으니
원래 엄마란 그런 줄 알았던 것이다. 정신이 번쩍 들었다.
아들은 학교에서 엄마가 왜 안 오시는지 물으면
"뚱보라서 안 옵니다"라고 거짓말을 했다더라.
아, 내가 너무 돈과 일만 좇고 살았구나.
조급하게 돈을 번다고 해서 충분한 게 아니었다.
무엇에 연연하는 게 아니라 어떤 건 내려놓을 줄도 알아야
소중한 사람들을 돌볼 수 있는 것이구나.

그 길로 배우 활동을 접고 가정을 위해 살기로 결정했다.
미국에 가서 식당을 하며 지내려고 요리 학원을 다녔다.

그리고 1982년, 나는 활동을 전면 중단하고
딸 하나와 아들 하나를 데리고 미국으로 떠났다.
한국에서의 배우 일은 돌아보지 않기로 했다.
이제 가족과 함께하는 또 다른 인생을 시작할 때였다.

그때가 나이 32살이었다.
10년 전쯤에 연극 공연차 LA에 갔다가 디즈니랜드를 보며
'우리 애들도 이런 데 데려오고 싶다'는 생각을 했는데,
정말 미국에 오게 되었으니 감회가 새로웠다.

미국에 도착한 첫날, LA 한인타운에 렌트한 아파트에서
가구 하나 없는 텅 빈 집에 들어섰는데
이상하게 아무것도 두렵지 않았다.
이사한 첫날 바닥에 신문지를 깔고 둘러앉아
버너에 김치찌개 하나 끓여서 먹는데
단출하지만 그렇게 행복할 수가 없었다.
그동안 시동생, 시누와 북적거리면서 살다가

이제 우리 네 식구가 새롭게 시작하는구나.
벌이가 줄어들고 모아놓은 돈이 없어지는 것도
전혀 걱정되지 않았다.

낯선 미국에서 먹고 살기 위해서
처음에는 봉제 공장을 했다.
바지에 지퍼나 단추를 달아주고 건당 얼마씩 돈을 받았다.
아침에 아이들을 학교에 데려다주고 공장으로 출근한 다음
퇴근 후에는 저녁과 가족이 있는 시간을 보냈다.
행복이란 참 하염없이 올려다보면 끝이 없지만,
나름대로의 기준을 가까운 곳에 두면
어렵지 않게 만날 수 있는 것인가 보다.
다리가 퉁퉁 붓고 몸은 고되었지만
가족과 함께 있으니 그게 그저 행복이었다.

다행히 봉제 공장이 잘되어 공장을 팔고
원래 하려던 한식당을 차리게 됐다.

한식당을 5년 동안 운영했는데 마냥 수월하지는 않았다.
마지막에는 결국 임대 계약 연장이 안 되어
권리금도 못 받고 반 강제로 쫓겨났다.
이제 뭘 하나, 하다가 또 새로운 일을 찾기로 하고
미용 학교에서 1년 동안 기술을 배워 라이센스를 받았다.
그렇게 웨스트우드의 미용실에 취직까지 했는데
일한 지 20일 정도 되었을 때,
집에 돌아오니 연제가 물었다.

"엄마, 황은진 씨가 누구야?"

한국에서 〈역사는 흐른다〉의 황은진 PD에게
전화가 걸려왔다는 것이었다.
미국에서 뭐든 하며 살아가겠다는 마음으로 지낸 지
벌써 8년이 지났는데 다시 연기가 손을 내밀고 있었다.
애초에 아이들과 함께 지내기 위해 미국에 온 것이니
처음에는 거절하려고 했다.

그런데 이 얘기를 듣고 오히려 연제가 등을 떠밀었다.

"엄마, 이제 엄마가 하고 싶은 거 하세요."

미국에서 고생하는 모습을 옆에서 지켜보며
마음이 쓰였을 딸도 이해가 되지만,
그때는 이제 애들에게 엄마가 필요 없구나 싶어
내심 섭섭하기도 했다.
하지만 어느덧 딸은 이제 대학교 1학년,
아들은 고3인 시점이었다.
훌쩍 자란 아이들이 엄마의 인생을 응원해주고 있었다.

그렇게 남편과 둘이 한국에 돌아와
1989년에 드라마 〈역사는 흐른다〉로 연기에 복귀해
지금까지 쉬지 않고 연기를 했다.
미국에 가기 전에는 그냥 정신없이 연기를 했다면,
이번에는 바쁜데도 즐거웠다.

단 하루도 쉬지 않았는데 어떻게 그렇게 힘이 나던지.
아, 여러 가지 일을 해봤지만 이게 내 천직이었던가.
국민 시트콤으로 사랑받았던 〈순풍산부인과〉는
방송을 보며 아이들이 더 좋아했다.
나도 마음에 여유가 생기고 나니
이제는 '그때 이렇게 했었구나' 하고 다시 보며 웃는다.

돌아보면 미국에서 지낼 때
처음 해보는 고된 일을 하느라 힘들기도 했고,
모아놓은 돈도 다 써버렸지만 마음만은 부자처럼 살았다.
차를 타고 2시간 거리의 빅베어에 가서
트렁크에 옹기종기 앉아 불고기를 구워먹고,
아이들이 스키 타는 모습을 지켜보던 행복은
지금도 내 마음속에 벅차게 남아 있다.

또 그렇게 살다 보니 좋은 날이 오더라.
마음을 열고 지금 닥쳐 있는 행복을 즐길 줄 아는 힘도 더할 나위 없이 큰 재산이다.

어찌 보면 내 인생의 고난이었다고도 할 수 있지만,

그때 모아둔 마음의 재산이

한국에 돌아와 다시금 즐겁게 연기할 수 있는 힘이 됐다.

나는 식당에서
연기를 배웠다

1964년에 삼성 그룹에서 신세계 백화점에
최초의 민영 방송국인 TBC를 창설했다.
삼성 그룹의 이병철 회장이 창립자였다.
그 무렵에 나는 지금의 중앙대인 서라벌예대의
연극영화과에 재학 중이었다.
입학한 지 7개월 정도 되었을 때일까.
최형남 교수님이 나를 부르더니

TBC 방송국이 생겼으니 오디션을 보러 가보란다.

오디션장에 갔더니 주변에는 다들 무용단에 들려고
발레복, 한복을 입고 왔는데
나 혼자 땋은 머리에 청바지와 티셔츠 차림이었다.
아이고, 이건 떨어지겠다 싶었는데 웬걸?
이병철 회장이 내 이력서를 보더니
대뜸 카메라 테스트부터 했다.
정작 준비해간 무용은 해보지도 않고 오디션이 끝났는데,
최종적으로 공채 1등으로 합격을 했다.
6개월 동안 교육을 받은 뒤에
처음 주인공으로 발탁된 드라마가 바로
1966년에 방영한 〈상궁나인〉이었다.

그때 내가 탤런트를 한다고 하니
처음에는 어머니가 극심한 반대를 하셨다.
그 시절에는 탤런트가 좋은 직업이라고 생각하지 않았다.

출연료가 아니라 월급으로 급여를 받았는데,
첫 월급을 집에 가져갔을 때는 어머니가 그 돈도 외면했다.
"내가 기생 어미냐?"
그 말을 듣고 내 일이 너무 부끄러웠다.
나중에는 일하고 돈도 받으러 가지도 않았더니
PD가 왜 월급 받으러 안 오느냐며 나를 찾기도 했다.

나도 일단 일을 하고는 있었지만
그때만 해도 연기는 겉 다르고 속 다른 일인 것 같아
마냥 좋지만은 않았다.
그렇게 애매한 마음으로 연기를 하고 있었지만
결혼하고 큰 빚을 지고 나니 별 수 없었다.
이제는 좋든 싫든 먹고 살기 위해서
무조건 해야 하는 일이 된 게 연기였다.

그러니 배우 일을 그만두고 미국에 가게 됐을 때까지도
연기에 대한 미련은 그리 크지 않았다.

그런데 미국에서 5년 동안 한식당을 운영하면서
가끔씩 내가 했던 연기를 떠올렸다.
아무래도 식당을 하면 제일 많이 보는 게 사람이다.
내가 살면서 가장 많은 사람들을 한자리에서 지켜본 게
다름 아닌 그 시기였을 것이다.

사람은 참 다양해서 때로는 뜻밖에 감동적이고,
때로는 참 못났다.
점잖은 사람이 금방 태도가 변하기도 하고,
멀쩡한 얼굴로 들어와 펑펑 울고 가는 커플도 있다.
똑같은 남자가 애인을 데려와 세상 다정하게 챙겨주다가,
또 부인이랑 와서는 무뚝뚝하게 구는 걸 보면 기가 찬다.

미국에 가기 전까지 연기를 했던 것 외에
다른 사회생활을 해본 적이 없던 나는
사람이 슬프면 울고, 기쁘면 웃는 줄 알았다.
그냥 그게 전부인 줄 알았는데

사람들을 지켜보니 기쁨도, 슬픔도 참 다양하더라.
어떤 기쁨은 서럽고, 어떤 슬픔은 따뜻하다는 걸
바로 그때 배웠다.

나는 드라마에 나오는 연기자일 뿐,
세상 사는 사람들이 모두 자신의 세계에서 연기자였다.
결과적으로 그 사람들이 모두 나의 연기 스승이 되었다.

내 나름의 개똥철학으로는 연기란 잘하고 못하는 게 없다.
역할에 따라, 디테일한 감정에 따라
계속 달라지는 모습을 보여주는 게 진짜 연기인 것 같다.
'엄마'를 연기한다고 해도 세상의 엄마들은 모두 입체적이라
이 엄마가 다르고, 저 엄마가 또 다르다.
그 많은 캐릭터의 군상을 나는 식당에서 배웠다.

드라마 〈역사는 흐른다〉로 복귀하며 한국으로 들어온 후엔
한식당에서 지켜본 사람들을 생각하며 연기를 했다.

데뷔 때는 잘 모르고 했던 연기가
이제 좀 손에 익고, 즐거워졌다.
연극영화과에서 셰익스피어 연극을 하는 것과
실제 삶이 묻어나는 연기는 전혀 달랐던 거다.

드라마에는 삶이 보여야 한다.
사회에서 많은 경험을 하고, 많은 사람을 만나보고,
또 말로 설명할 수 없는 복잡한 기쁨과
오묘한 슬픔과 상처를 느껴본 사람들이
그걸 연기로 표현하면 시청자들도 이를 고스란히 느낀다.
인생은 한 번이지만 배우로서는 감사하게도
굉장히 많은 삶을 살아볼 수 있다.
식당에서 만났던 다양한 삶의 군상을
여러 역할과 연기로 보여줄 수 있다는 게
새삼스레 즐겁고 감사했다.

생각해보면 참…….

세상 일이란 이렇게 한 치 앞을 모르는 거다.
연기를 뒤에 남겨두고 떠나 도착했던 식당에서
내가 다시 연기를 떠올릴 줄이야,
또 그곳에서 사람 냄새 나는 연기를 배워오게 될 줄이야
누가 알았겠는가.

당돌한 20대,
위기 속에서 찾아낸 기회

결혼하고 인생 첫 시련을 맞이했던 나는 용감해졌다.
온실 속 화초처럼 살다가 처음으로 친정집에서 독립해
완전히 새로운 삶을 개척해나가야 한다는 걸
막연하게 느끼고 있었다.
결혼식이 끝난 뒤 앞으로 우리 식구가 어떻게 살아야 하나,
돌봐야 하는 시동생이 넷이고 뱃속엔 아이도 있는데…….
잔인하리만큼 현실적인 고민을 해야 했다.

배우로 들어오는 일을 되는 대로 하면서
어떻게든 돈을 벌다가 딸이 태어났다.
그리고 그때쯤 1995년도에 구반포 아파트가 처음 생겼다.
당시 분양가는 250만 원이었다.

내가 25살밖에 안 되었을 때인데
세상 물정은 모르면서도 굉장히 당돌했던 것 같다.
당시에 나는 친언니와 계를 해서 받은 돈을
딱 200만 원 가지고 있었다.
그 돈을 들고 구반포 아파트를 분양하는 사무실에 찾아갔다.
그리고 대뜸 문을 열고 당당하게 물었다.

"여기 사장실이 어디예요?"

누군가 사장실을 가르쳐주길래 들어갔더니
저쪽에 사장님이 앉아 있었다.
그분이 나를 보고 아는 척을 했다.

"안녕하세요, 선우용여 씨가 여길 어떻게 왔어요?"
"사장님, 제가 집이 없어요."
"예? 신문을 보면 한창 잘나가시던데……."
"그렇게 됐어요. 그런데 제가 200만 원밖에 없어요.
50만 원은 제가 1년 안에 갚을게요."

무작정 부딪쳐봤는데 그걸 또 사장님이 수락해줘서
방 4개짜리 42평 아파트로 이사를 갈 수 있게 됐다.
집도 크고, 방도 많으니 남편도 시동생들도 다 좋아했다.
집이 생긴 건 좋지만, 나는 원래 마당 있는 주택을 좋아해
막상 아파트에 살고 보니 영 답답했다.
그런데 웬걸, 250만 원이었던 집이
고작 8개월 만에, 무려 800만 원으로 오른 게 아닌가.
그래, 이걸 팔고 새로 집을 사야겠다!

25살에 그렇게 부동산에 눈을 떴다.
위기 속에서 뜻밖의 깨달음을 얻었다고나 할까.

그때부터 촬영이 없는 날마다
장화를 신고 강남으로 출근을 했다.
엄마가 항상 '모양이 반듯해야 심보도 반듯하다' 하셨기에
부동산에 들어가면 괜히 사장님 인상부터 살폈다.
그렇게 임장을 한창 다니면서 집을 소개받았는데,
이번에는 28평이지만 2층에 정원도 있는 집이
눈에 쏙 들어왔다.
850만 원인데, 지금 살고 있는 집을 팔아
빚 50만 원을 갚고 나면 100만 원이 부족했다.
부동산에서 상담했더니 은행 융자하는 방법을 가르쳐줘서
그렇게 은행을 오가며 방법을 찾아 머리를 굴렸다.

남편은 지금 집을 팔겠다고 하니 깜짝 놀라며 거부했지만
그때만큼은 '이사를 안 가면 이혼하겠다'는 카드까지
강경하게 꺼내어 결국 이사를 감행했다.
이후에도 딸이 중1 때까지 부동산을 들락거리며
열 차례 넘게 이사를 해 어느덧 빚도 갚았고,

집은 네 채가 되었다.
방송, 영화, 부동산까지 5, 6년 정도를
그렇게 바쁘게 살면서 돈을 벌었다.

그러다 일을 그만두고 미국으로 건너가 생활하면서
이때 사들였던 집 네 채는 전부 팔아 생활비로 썼다.
결과적으로 남은 집은 없지만 그때의 과감한 선택 덕분에
가장 어두웠던 터널을 어떻게든 지나올 수 있었다.

하늘이 무너진 듯한 막막한 현실 속에서도
내가 빠져나갈 구멍은 있었던 모양이다.
가만히 있지 않고 구멍이 어디에 있는지 바삐 두리번거리고,
길게 고민하기보다는 거침없이 문을 두드렸던 게
오히려 위기를 뛰어넘는 기회가 되었다.
시기가 좋고 운도 좋았지만,
어디서 배운 적도 없고 누가 가르쳐준 것도 없이
어린 나이에 큰 성과를 얻었으니 돌아보면 나도 놀랍다.

아마도 그 기회를 만들었던 건 치밀한 계산보다는
무모하더라도 용감한 결심이었을 것이다.

연기 60년 인생에
지름길은 없었다

내가 연기를 시작한 게

우리나라 최초의 민영 방송국인 TBC였으니,

사실상 우리나라 방송국의 역사를 처음부터 함께한 셈이다.

그때의 얘기를 하면 요즘 사람들은

까마득한 조선 시대 역사책 얘기인 줄 아는데,

나에게는 처음 연기를 시작했던 20대의 실제 추억이다.

다만 TBC는 이후 KBS와 폐합되며

당시 자료는 대부분 사라진 듯하다.

그때는 지금처럼 연예인들이 여러 방송국을 오가며
다양한 프로그램을 하던 시절이 아니라,
데뷔한 방송국의 전속 배우로 활동하는 시스템이었다.
나는 당연히 TBC에서 쭉 작품을 해왔고,
또 촬영 예정으로 약속된 프로그램도 있었는데
1972년에 갑자기 MBC에서 〈새엄마〉라는 드라마에
주인공으로 섭외가 들어왔다.
생각지 못한 제안이었지만 돈도 더 준다고 하고,
주인공이라고도 하니 선뜻 마다하기 어려웠다.

배우로서는 좋은 기회일 수 있어 고민했지만
결국은 고사했는데, 결정적으로 아버지 말씀 때문이었다.
아버지는 내게 TBC가 네 집이니,
돈을 적게 받더라도 TBC에서 하라고 하셨다.
의리를 지키고 약속을 지키라는 것이

내가 아버지에게 배운 가르침이었다.

그럴 법도 했던 것이 TBC는 당시 말 그대로 가족이었다.
소속된 연예인이나 제작진의 사이도 좋았고,
연애를 하면 결혼하는 게 당연하고
혹 불륜이라도 발생하면 둘 다 잘리는 분위기였다.
당시에는 비윤리적인 일도 비일비재하게 일어났기에
그런 윤리적인 분위기 자체도 중요했다.

또 옆집 수저 개수까지 알던 시골 마을처럼
서로의 사정에도 빤했다.
좋은 일은 축하하고 슬픈 일은 함께 나누며 위로했다.
내가 결혼 후에 갑자기 남편이 억울하게 진 빚을 떠안고,
또 남편도 재판을 진행하느라 당장 경제적으로 어려워지니
이병철 회장이 툭 한마디 하기도 했다.

"용여한테 프로 두 개 줘라."

먹고 살라는 뜻이었다.

결과적으로는 이후 TBC가 KBS와 합치고 규모가 커지며
기존의 오순도순한 분위기는 사라졌지만,
아버지 말씀대로 한 우물을 파며 의리를 지킨 것은
지금도 잘한 선택이라고 생각한다.
배역 따라, 돈 따라 이리저리 휘둘렸으면
나는 지금과는 또 조금 다른 사람이 되어 있을지도 모르니.

삶에서 주어지는 여러 선택지 앞에서 하나를 선택할 때
손익부터 재고 따지는 사람들이 참 많다.
선택하지 않은 길에 대해 1%도 손해 보지 않으려고 하면
뭘 선택해도 미련이 남고 개운치가 않다.

나의 경우에는 연기자라는 직업 특성상
늘 작품에 대한 선택지 앞에 놓이기 마련이었다.
작품을 선택하는 기준은 배우들마다 다양하겠지만
나는 크게 고민한 적이 없었다.

내가 일을 선택하고 결정하는 원칙은 명확했다.
먼저 제안 받은 작품을 하기로 했으면,
나중에 들어온 대본이 더 좋아도
약속을 어기지 않고 원래 하기로 한 작품을 한다.
양쪽 제작사 측에서 서로 양해해주면 병행하기도 하지만
그렇지 않으면 어쩔 수 없다고 생각하고 넘겼다.
더 좋은 작품을 놓쳐도, 내 몫이 아니었다고 생각하면
그리 아쉬울 일이 아니다.

작품 제안을 받을 때도 있지만,
반대로 배우들도 원래는 평소 감독들과 친분을 쌓으며
역할 청탁을 하는 경우가 많다.
꼭 그게 나쁜 것이 아니라
좋은 관계를 유지하다가 어울리는 역할이 생겼을 때,
또 알맞은 기회가 왔을 때
우선 순위로 기회를 잡을 수 있도록 준비하는 셈이다.
일종의 사회생활이라고 볼 수도 있을 것이다.

하지만 나는 성격상 원체 부탁을 못한다.
작품을 하기로 얘기가 어느 정도 진행되어서
"언제 연락드리겠습니다" 하고서 통 연락이 안 와도
그런가 보다 했다.
"왜 연락 안 줘요?" 하는 것도 괜히 부담이 될까 싶어
차마 입이 안 떨어지더라.
여태껏 일부러 작가나 감독이랑 밥이라도 한 끼 먹으며
일부러 친분을 쌓으려고 하는 일도 없었다.
그냥 불러주는 곳에 가서 해야 하는 일을 했다.
좋은 역할을 주면 고맙지만 커피 한 잔 사는 것도 왠지
잘 봐달라는 느낌이 들어 주저하게 되었다.

사실 〈순풍산부인과〉 김병욱 감독에게도 고마운 마음에
직접 구운 도자기를 선물하려고 한 적이 있다.
'김병욱 감독', 엉성한 글씨로 이름도 새겨넣었다.
그런데 그걸 차마 가방에 넣고 나가질 못해서……
아직도 내 집에 그대로 있다. 참, 뭐가 그리도 쑥스러운지.

더 좋은 작품이나 기회를 얻기 위한 노력보다는
이미 주어진 일에 대해 집중하고 최선을 다하는 것이
내 노력의 방향이자 평생의 철칙이었다.
그래서 현장에서는 반드시 지키려고 하는 두 가지가 있다.
지각하지 않는 것, 대사를 잊어버리지 않는 것이다.
이걸 지키지 않으면 촬영에 차질이 생기고,
그 자리에 있는 수많은 사람들이 모두 피해를 입게 된다.

새벽 6시에 방송국에 가야 하면
새벽 4시에는 일어나서 직접 화장하고 머리를 해야 한다.
평생 그렇게 살았더니 마음 먹은 시간에 절로 눈이 떠진다.
지금까지 알람을 설정해본 적도 없다.
나 때문에 누가 피해를 보는 게 싫어서 그렇게 해왔지만,
한편으로는 직업적으로 늘 긴장하고 살았더니
늦잠을 못 자는 체질이 되어버린 모양이다.

〈순풍산부인과〉를 할 때는 강남에서 안양까지

급히 장소를 옮겨가며 촬영할 때도 있었다.

이동 중에 차가 막히면 그때가 아주 마음이 지옥이었다.

안양에 이미 스태프가 50여 명씩 가 있는데

정작 내가 늦으면 어떡하나?

어찌나 초조한지 차라리 가다가 사고나 나라, 싶기도 했다.

대사를 잊어버리지 않는 것도 마찬가지다.

내 연기가 내 마음에 차지 않아도

상대 배우의 감정선이 좋았으면 그대로 넘어갔다.

내 연기는 부족할지언정 적어도 대사를 못 외워서

허투루 NG 내는 일은 절대 없게 하려고 애썼다.

지금 내가 내 삶에 만족하고 잘 살 수 있는 건

잘나고 대단해서가 아니다.

배우로서 대한민국 최고는 아니라도

자신 있게 말할 수 있는 건

아무런 요행도 바라지 않고 그저 내 일을 했다는 것이다.

이렇게 열심히 살았는데 누가 나에게 돌을 던지겠나?
내 신념을 따라 우직하게 한 길을 걸어왔기에
누구보다 나 자신에게 더없이 당당하고,
세상 앞에 떳떳하게 설 수 있었다.

세상에 나만을 위해 마련된 지름길 같은 건 없다.
그러나 내가 걸어온 길은 적어도
내가 잘 가고 있다는 확신을 주는 정답의 길이었다.

그때 그 시절
순풍산부인과

요즘엔 연기자들도 다양한 예능 프로그램이나
새로운 플랫폼에 도전하며 활동 영역을 넓혀가고 있다.
하지만 예전에는 배우가 어떻게 예능을 해,
어떻게 시트콤을 해, 하면서 몸을 사리는 경우도 많았다.
그래서인지 가끔 인터뷰를 하면 어떻게 드라마를 하다가
과감하게 시트콤에 도전할 결심을 했느냐고 묻는데
아유, 그런 거 없었다.

다 똑같은 일인데 드라마든 시트콤이든 예능이든 뭐 달라?
나는 그냥 하자면 무조건 OK했다.
작품이 뭐가 더 좋고 나쁜지도 상관 안 했고,
프로그램에 따른 이미지 같은 것도 생각하지 않았다.

나는 TV 속에서는 아무리 미친 짓도 다 할 수 있었다.
시청자들이 보고 즐기면 못할 게 없다.
결과적으로 시청자들이 보고 웃을 수 있는
좋은 작품을 남기는 것만큼 연기자에게 좋은 일이 있을까?
대신 TV 밖에서 미친 짓을 안 하면 되는 거다.
TV에서는 교양 있는 척하면서
실제 생활이 어지럽고 요상한 게 문제지,
시트콤에서 내가 아무리 황당무계하게 망가져도
그건 아무렇지도 않았다.

오히려 연기자로서 내가 살아보지 못한 또 다른 삶,
전혀 다른 인격의 삶을 경험해보는 건 고마운 일이다.

그때까지만 해도 나는 결혼 생활을 하면서
남편에게 꼼짝 못하는 내성적이고 순종적인 아내였다.
연상의 남편에게 '여보' 소리도 꺼내지 못해
'저기요~' 하고 조심스럽게 부를 정도였으니까.
그러니 〈순풍산부인과〉에서 화투를 좋아하는 푼수덩어리,
교양은 부족하지만 은근히 애교도 부리는 선우용녀는
내게도 새로운 캐릭터였다.
화투도 칠 줄 몰랐는데 쳐야 한다고 하니 어째,
미선이한테 배웠지 뭐.

그런데 지금 돌아보면 그쯤에 내가 갱년기였던 것 같다.
생전 남편에게 대든 적이 없었는데
그 무렵은 어쩜 남편이 툭 건드리기만 해도
속이 부글부글 끓던지.
한번은 새벽 4시에 촬영이 끝나고 집에 오니 5시인데,
남편이 어김없이 밥 차려달라고 속 모르는 소리를 했다.
원래는 나도 당연한 듯이 후다닥 밥을 차려주었는데

그날따라 왠지 성질이 팍 나는 거다.
처음으로 남편한테 버럭 소리를 질렀다.

"나만 보면 밥, 밥, 밥! 당신이 차려 먹어요!"

남편은 소리 지르는 내 모습을 처음 보고
거의 기절할 것 같은 얼굴이 되더니만
간신히 기절은 면하고 얌전히 냉장고 앞으로 걸어갔다.

"어떻게 여나?"
"잡아당겨욧!"

냉장고 여는 법도 모르던 남편이지만 충격이 컸는지
그 후로는 밥 차리라는 소리가 쏙 들어갔다.
〈순풍산부인과〉에서 남편 역할인 오지명 씨에게
"아, 몰라 몰라!" 소리를 지르던 게 딱 그 시기였다.
결혼하면 초년에는 얌전한 여우였다가

나중에는 호랑이가 된다더니 내가 딱 그랬네.
캐릭터 연기가 아주 자연스럽게 나왔다.

하필 그때 캐릭터에 빙의하기 딱 좋은 시기였다는 것도
운이라면 운이지만, 특히나 행운이었다고 할 수 있는 건
당시 함께한 김병욱 PD가 참 괜찮은 사람이었다는 것이다.
그때는 촬영장의 분위기 자체가
감독의 성향에 따라 크게 좌우되는 경우가 많았다.
혼자 무슨 중요한 예술이라도 하듯이
인상 팍 쓰고 무게를 잡고 있는 감독도 적지 않았다.
그런 감독들이 꼭 유능한가 하면 그렇지도 않다.

배우 입장에서 연기를 할 때
감정이 나올 것도 안 나오게 하는 PD도 있는데,
김병욱 PD는 내가 마음 놓고 연기하게 해주는 감독이었다.
편안한 분위기 속에서 각 배우들이 몰입할 수 있게 해주고,
"각자 하는 대로 하시면 우리는 그냥 찍겠습니다~"

하는 식이었다.

덕분에 아침부터 새벽 4시까지 촬영해도 피곤한 줄 몰랐다.

그렇게 1998년부터 무려 682부작에 이른 〈순풍산부인과〉.
감사하게도 참 많은 사랑을 받았다.
당시에는 워낙 살인적인 스케줄이라
정신없이 촬영만 했지, 인기를 실감할 틈도 없었다.
촬영하고, 집에 와서 대사 외우고,
자동차에서 또 외우고, 또 촬영하러 가는 게 일상이었다.
애초에 내가 나온 프로그램을 볼 시간 자체가 없었으니까.
어느 순간에 백화점에서 협찬을 해주고 광고가 들어오니
그걸로 막연하게 '프로그램이 잘되고 있구나' 짐작했다.
그런데 요즘에도 유튜브에서 이 프로를 찾아보는
젊은 사람들이 있다고 하니 놀랍기도 하다.

시청자에게 많은 웃음을 주었던 작품에
좋은 인연들과 함께할 수 있었다는 건

지금까지도 참 감사한 일이다.
주어진 작품 속에서 매번 다른 역할을 소화하며
나 역시 새로운 내 모습을 발견할 수 있다는 게
연기의 매력이기도 하다.

물론 얌전한 여우였던 아내가
갑자기 포효하는 호랑이가 되어버렸으니
남편에게는 까무라칠 일이었을지도 모르겠지만 말이지.

인생에서는
연기할 필요 없어

어디 하나 남부러울 것 없이 잘 살고 있으면서
아직 짝을 못 만난 젊은 후배들을 보면
나도 모르게 "결혼은 언제 하려고?" 잔소리가 튀어나온다.

몰라, 요즘 사람들이 싫어하니 안 그러려고 하는데도
뭔가 소중한 걸 놓칠까 봐 안타까워서 그런 것 같다.
혼자서 잘 사는 것도 좋지만, 좋은 사람을 알아보고

더 풍성한 삶의 가치를 누리길 바라는 마음은
어쩔 수가 없다.

사랑만으로 결혼하는 낭만이 비현실적인 시대가 됐나 보다.
서로 조건을 재고 따지느라 바빠서
사랑이 싹틀 틈이 없는 게 아닌가 걱정이다.
이미 가진 게 많고 이룬 게 많다고 해도
재산, 직업, 각종 스펙의 조건을 기준으로 사람을 바라보면
진짜를 알아볼 수가 없다.

꼭 결혼 때문이 아니더라도
사람과 사람이 만날 때 중요한 건 사람 그 자체다.
또 서로에 대한 진정성이다.
아무리 사랑해도 사람은 다 다르기 때문에
만나다 보면 어딘가 삐걱거리기 마련인데,
사람이 아니라 조건을 바라보면
만남이 오래 지속되기 어려울 수밖에 없다.

반대로 지위나 돈이 아니라
진실된 마음을 보고 서로를 대하면
불행이 감히 넘보지 않는다.

서로의 진정성을 발견하기 어려운 제일 큰 이유는
드라마 밖의 현실에서도 역할을 꾸며내고
연기를 하는 사람들이 많아서인 것 같다.
복잡한 인간관계 속에서 자신을 지키기 위해
사회적인 가면을 써야 할 때도 분명히 있지만
가면을 벗을 때를 몰라 진정 마음이 통하는 사람을 놓친다면
제 꾀에 자기가 넘어가는 꼴이다.

20대까지는 때가 묻지 않고 안팎이 똑같은 사람들이 많다.
그러다 보니 실수도 하고, 상처도 주고받는다.
하지만 그만큼 서로의 본질을 마주볼 수도 있다.
이후에 나이를 먹고 살아가다 보면
많은 일을 겪으며 세상의 때가 묻고,

무엇보다 겉으로 보이는 모습과 전혀 다른 속내를
품게 되기도 한다.
드라마도 아닌데 인생에서 연기를 하며 살아가는 것이다.

나 역시도 살면서 때가 묻었다.
아침에는 차를 타는데 쓰레기로 어지러운 차 안을 보니
괜히 마음이 찔렸다.
겉으로 보면 멀쩡한 차인데 속은 참 엉망으로 분주하다.
한번 날 잡고 정리하면 되는데 막상 손이 안 간다.
나도 혹시 이 차처럼 남들에게 보여주기 부끄러운 속내를
어딘가 담고 살고 있진 않은가?

그래서 나는 솔직하고 담백한 사람,
묵묵히 자기 일을 충실하게 하는 사람이 가장 존경스럽다.
배우라고 해서 대단한 것이 아니라
모든 직업인이 자기 일을 해야 하는 건 똑같다.
배우들 중 간혹 드라마 속 주연이라고 해서

인생에서도 자신이 중심인 듯
타인을 조연으로 취급하는 사람들이 있다.
스크린 속에서나 주인공이지,
연기가 끝나면 모두가 각자의 삶에서 주인공이라는 걸
오만하게 간과하는 것이다.

드라마 속 주인공 배우가 현실에서도 그렇게
혼자 주인공 행세를 하고 사는 걸 보면 우스워 죽겠다.
작품이 끝났을 때 본연의 '나'로 돌아오지 않으면 병이다.
연기자뿐 아니라 누구든 사회적 역할이 끝났을 때
자기 본연의 모습으로 돌아올 줄 알아야 한다.
회사에서 사장이고 부장이라고 해서
집에서도 사장이고 부장이냐는 말이야.

직장에서 가정으로 돌아올 줄도 알고,
또 사랑하는 사람이나 가족들을 만날 때는
겉치레를 벗고 서로의 진정성 있는 내면을 마주봐야 한다.

나 역시도 대본을 받으면 연기를 하지만
삶에서는 최대한 연기하지 않고 솔직한 모습으로 살고 싶다.
연기하지 않고, 겉과 속이 다르지 않고,
자기 자신으로 돌아올 줄 아는 사람이 되고 싶다.

그런 의미에서, 잘 살다가 잘 죽는 게 목표인
내 인생을 관통하는 한 문장을 꼽는다면 바로 이것이다.

"나답게 살면 된다."

'답다'는 것은 억지로 뭘 꾸며내는 것이 아니라
나에게 가장 편안하고 자연스러운 상태를 말하는 것이다.
억지로 나답지 않은 옷을 입고 보여주려 하면 삶이 버겁다.
매 순간 연기를 해야 하니 힘이 들 수밖에 없다.
나답게 살면 덜 힘들다.
세상이 녹록지 않으니 안 힘들다고는 안 하겠지만,
보이기 위해 꾸며내는 것이 줄어들면 분명 덜 힘들 것이다.

그나저나, 우리 후배들도 마음을 열고
좋은 사람을 만나야 할 텐데, 원······.
마흔이 넘고 쉰이 넘었어도
내 눈에는 걱정스럽게만 보이는 걸 보면,
그들이 아직 한창이라는 뜻이겠지.
길을 헤맬 시간도 많고, 선택지도 다양한 찬란한 젊음을
누구보다 자신답게 누리길 바라는 마음이다.
드라마의 단골 대사처럼,
스스로에게 한 번쯤 당차게 물어봐도 좋겠다.

"나다운 게 뭔데?"

Chapter 3 잘 사는 법? 벌써 있어!

나 자신과
절친으로 잘 지내는 법

오래 연기를 했으니 아는 연기자도, 제작진도 많지만
생각보다는 친구가 없는 편이다. 아니, 실제로 없다.
회식도 참여하지 않고 일과 가정을 오가며 바쁘다 보니
막상 사적으로 시간을 보낼 기회가 무척 적었다.
또 사람을 두루 사귀는 걸 좋아하는 편도 아니라서
배우로서의 사회생활 같은 건 없다시피 했던 탓이기도 하다.
일터에서는 일만 하면서 출퇴근하는 직장인과 다름없다.

살아가면서 친구가 많은 것도 좋겠지만

없다고 해서 큰일이 나는 것도 아니다.

별 이유 없이 만나서 수다 떨면서 시간을 보내면

물론 힐링이 될 수도 있지만 어떨 땐 오히려 피곤하다.

크게 관심도 없는 상대방 얘기에

적당히 맞장구치고 웃는 것에도 에너지가 소모된다.

특히나 별 시답잖은 가십거리만 떠들다 오면 남는 게 없다.

괜히 부정적인 감정에 이리저리 휘둘리다 와서

나만 혼자 괴로워질 때도 있다.

나와 맞지 않는 사람들과 너무 어울려도 발전이 없고,

남의 말을 듣고 지나치게 의존하게 되면

항상 그 잣대를 맞추느라 마음만 어수선하다.

그보다는 나 자신과 온전히 내 시간을 보낼 줄 아는 것이

훨씬 더 좋은 것 같다.

가장 진정한 친구는 누구보다도 바로 나 자신이다.

혼자 여행도 할 줄 알고, 맛있는 것도 먹으러 가고,

혼자만의 세계에 잠겨 사색할 줄도 알아야 한다.
한 번뿐인 삶에 주변의 쓸데없는 것들을 두루두루 신경 쓰면
정작 나에게 신경 쓸 시간이 없다.

나와 좋은 친구가 되려면 전제 조건이 있다.
싫어하는 사람과 친하게 지낼 수는 없으니,
일단 내가 나 자신을 좋아해야 한다는 것이다.
자괴감에서 벗어나고 자존감을 지키고,
내 존재에 대해서 고마운 일도 많아야 한다.
그래야 더 오래 같이 있고 싶고,
더 깊은 이야기를 나누고 싶고,
나 자신을 더 사랑하게 된다.

그게 그렇게 어려운 일도 아니다.
혼자 조용히 앉아서 잘 생각해보면 고마운 일이 참 많다.
내가 살아 있어서 고맙고,
부모님이 날 낳아줘서 고맙고,

내 아이들이 잘 자라줘서 고맙다.

그런 좋은 생각 위주로 하려고 노력하면

자신에 대한 사랑이 저절로 피어오른다.

나는 원래 발레리나가 되려고 했는데

고2 때쯤 퍼뜩 주제 파악을 했다.

영화 〈백조의 호수〉를 보다가 내 다리를 내려다보니까

음, 영 이건 안 되겠더라고.

그때쯤 외교관이 되고 싶어서 1년 동안 공부를 했는데,

열심히 안 해서 그런지 정치외교학과 시험에 떨어졌다.

그때 언니가 연극영화과는 시험 없이도 받아준다고 하길래

무용으로 면접을 보러 갔다.

그렇게 어찌어찌 연극영화과에 들어가고,

또 탤런트 오디션에도 어쩌다가 합격하고,

그게 운명이었는지 그대로 연기가 내 인생이 됐다.

미국에서도 여러 가지 일을 했지만

결국은 돌고 돌아서 다시 배우가 되었다.
연기로 돌아와 그렇게 행복했던 걸 보면
아마도 내게 딱 맞는 자리였던 모양이다.

삶에는 결국 각자의 몫이 있다.
내가 발레를 하기엔 다리도 굵고,
외교관을 하기엔 공부를 못했어도 연기는 할 수 있었다.
나밖에 할 수 없는 나만의 역할이 있으니
살면서 움츠러들 필요 없다.
알고 보면 우리가 세상에 태어난 것 자체가
각자 세상에 꼭 필요한 하나의 조각이라는 뜻이니까.

실제로 드라마 촬영장에 가봐도
주인공만 있는 것이 아니라 말 그대로 종합 예술이다.
연출, 카메라, 오디오, 미술 감독부터
코디네이터, 매니저까지 다 각자의 역할이 있고
그 역할에 충실해야 하나의 작품이 비로소 완성된다.

다만 세상에서 제 역할을 찾기 위해서는
어떤 일이든 시도해야 한다.
아무거나, 무엇이든지 해봐야 알 수 있는 것이 있다.
다양한 도전을 이왕이면 젊을 때 해보면 더 좋다.
물론 죽을 때까지도 새로운 걸 배우고, 시도하고,
내 역할을 찾아볼 수 있지만
젊을 때만큼 몸이 건강하진 않으니 점점 기회가 줄어든다.

그러니 초년에는 여러 가지 일을 해보자.
어느 순간 집중이 되고 아이디어가 샘솟으면서
딱 나를 위해 준비된 역할을 만날 수 있을 것이다.
중년에는 그 일을 파고들면 된다.
그렇게 자기 역할을 찾게 되면 자신이 더욱 귀해진다.
귀한 역할을 해서 귀한 게 아니다.
세상에는 대단한 일과 대단하지 않은 일이 따로 없다.
자신이 할 수 있는 일을 최대한 잘 해내면
그게 가장 훌륭한 것이다.

그렇게 훌륭한 자기 자신을 사랑하며 살다 보면
틀림없이 더 행복해진다.
그리고 아무리 환경이 달라지고 나이를 먹어도
절대 멀어지지 않는 가장 좋은 절친을 사귈 수 있게 된다.

눈을 치켜뜨고
'척'하며 살 필요 없어!

어느 순간부터인가 '엄친아'라는 말이 흔하게 보인다.
어찌나 경쟁이 치열한 세상이면
어떻게든 비교할 걸 찾는지 안타까우면서도,
한편으로는 '나'와 '엄마 친구 아들'이라는 존재가
대체 무슨 관계가 있나 싶다.
비교라는 건 공통 분모를 두고 차이점을 찾는 건데,
나와 '엄친아' 사이에는

똑같은 '인간'이라는 공통점밖에 없는데 말이다.

엄마 친구 아들이든 딸이든 간에,

서로 다른 부모와 다른 환경 속에서

다른 성격으로 자라온 아이들을 하등 비교할 이유가 없다.

어렸을 적에 우리 엄마가 내게 자주 하던 말이 있다.

"옆집 애가 잘사는 건 그 집 사정이지.

너는 옆집 딸이 아니라 엄마 딸이야."

다행히 우리 엄마는 엄마 친구 아들이든 딸이든

안중에도 두지 않았다.

엄마는 초등학교밖에 안 나왔지만 지혜로운 분이었다.

엄마의 영향인지 나는 살면서 누구를 부러워하거나,

누구처럼 되어야 한다는 생각을 하고 큰 적이 없었다.

엄마는 꼭 어느 대학에 가야 한다는 잔소리도 일절 안 했다.

대신 이렇게 말했다.

"눈을 너무 치켜뜨면 피곤하고,
너무 내려뜨면 보이지 않는다."

그러니 위아래를 바라볼 필요 없이,
적당히 편안하게 눈을 뜨고 살면서
내 시야에 담기는 것들을 보고 살아가라는 것이었다.
내 것이 아닌 걸 전부 끌어안고 가려고 하면
품에 맞지 않아 버거울 수밖에 없다.
내 그릇에 담길 수 있는 것이라면 저절로 담길 것이고,
내 그릇에 맞지 않는 것을 억지로 끌어오려 하면
자연히 넘치기 마련이다.
내 것이 아닌데 무리해서 욕심낼 필요가 있나?

고등학교 다닐 때 나는 발레를 전공하다가
재능이 없다는 걸 느끼고 그만두었지만,
같이 발레하던 친구들은 대부분
이대 무용과에 무난히 진학했다.

원래 고3이란 예나 지금이나
친구의 합격을 순수한 마음으로 축하해주기가
참 어려운 예민한 시기다.
어쩌면 나도 친구들이 대학 가는 걸 보면서
'으음, 쟤네들 다리도 내 다리랑 비슷한데 어떻게……?'
하고 시기할 법도 했지만 전혀 안 그랬다.
그들이 잘된 건 그들의 일이고,
친구들의 합격이 나의 불합격에 영향을 주는 건 아니다.
나에게는 또 내 길이 따로 있을 테니까.

결과적으로 인생의 어느 단계에서
충분히 잘된 것처럼 보이는 사람들의 앞날이
모두 탄탄대로인 것도 아니었다.
인생이란 이랬다 저랬다 오락가락한다.
좋은 대학에 간다고 행복해지는 것도 아니고,
꼭 훌륭해지는 것도 아니라는 걸
나는 제법 긴 세월 속에서 직접 목격해왔다.

판검사, 의사, 정치인…… 배우, 연예인.
유명인의 삶이 꽤 근사해보일 수도 있지만
다른 사람의 시선을 기준으로
삶의 가치가 매겨지는 것은 아니다.
각자의 자리에서, 어쩌면 잘 보이지 않는 자리에서
최선을 다해 사는 사람은
자신의 세계 속에서 이미 유명한 삶을 살고 있는 셈이다.
주변을 두리번거릴 필요도 없고,
위를 올려다볼 필요도 없다.
자신의 모습과 다른 지향점을 두고 '~척' 하면서 사는 게
가장 부질없다는 것만큼은 자신있게 단언할 수 있다.

꼭 돈이 많아서 비싼 걸 사고 명품을 휘감아야만
멋진 삶도 아니라고 생각한다.
예전에 한 번은 백화점에 갔는데
옷, 가방, 구두까지 전부 명품을 차려입은 여자가
백화점 입구에 서 있었다.

그러더니 저쪽에 차를 보고 손가락을 까딱하고는
차가 자기 코앞에 올 때까지 도도하게 기다리다 올라탔다.
그 거만해 보이는 태도는
화려하게 차려 입은 명품과 전혀 어울리지 않았다.
아무리 비싼 걸 입어도 품격에 맞지 않는 옷일 뿐이고,
돈과 권력이 있다고 해서 거들먹거리는 건 그냥 꼴불견이다.

살다 보니 돈도 명예도 그렇게 대단한 건 아니다.
나에게 필요한 만큼은 있어야겠지만
돈이 많고 유명한 사람이라고 해서
꼭 불쌍하지 않은 것도 아니더라고.
돈이 많아도 정신없이 살고 불행하면
돈이 없어서 정신없고 불행한 것과 별반 다르지 않다.

어차피 모든 사람의 삶에 주어진 시간은 한정적이다.
눈을 치켜뜨고 가지지 못한 것에 연연하면
소중한 시간을 다 뺏기는 결과를 낳을 수 있다.

설령 누군가 잘 사는 모습이 부럽다고 해도,
내가 그 사람이 가는 곳에 못 갈 것도 없다.
그가 자가용을 타고 갈 때 나는 버스를 타고 가면 되고,
그가 비행기를 타고 가면 나도 기차를 타고 가면 되지.
조금 느리고 돌아가더라도 뭐 어때?
내가 있는 자리에서 내가 할 수 있는 일을 해나가면 된다.
좋은 집, 좋은 차처럼 남에게 보이는 게 최고가 아니라
내 자신에게 당당하고 만족스럽다면
내 세계에서는 그게 최고다.

나 역시 남에게 손 벌리지 않을 수 있고,
아들딸이 가정을 꾸리고 잘 살고 있으니
그것만 한 행복이 없다는 생각이 든다.
엄마 친구 아들은 엄마 친구 아들의 인생을 살든지 말든지!
그건 그대로 내버려두고,
손 닿는 곳에 있는 행복부터 잽싸게 손에 쥐어버리자.
'척'할 필요 없이, '진짜'를 가져버리자.

미운 사람도
스승으로 삼는다

내가 요즘에도 일주일에 서너 번씩

조식 뷔페를 먹으러 가는 호텔은

원래 집에서 가까운 메리어트 앰버서더였다가

지금은 동대 입구 쪽으로 옮겼다.

호텔에서 일하는 신종철 셰프를 따라온 것이다.

벌써 14년 전에 알게 된 인연인데,

나를 잘 챙겨주고 친해지면서

지금은 그야말로 아들 같은 존재가 됐다.

실제로 우리 딸과 나이도 동갑이다.

이후로는 신종철 셰프가 이직하면

나도 따라서 그 호텔로 조식을 먹으러 가고 있다.

나이를 먹고도 새로 좋은 사람을 알게 되는 것,

또 오래된 좋은 인연이 이어진다는 것은 참 고마운 일이다.

살면서 좋은 사람만 만나면 참 좋겠지만

현실은 나랑 맞지 않는 사람이 훨씬 많다.

그러면 그 사람들과 부대끼고 살면서

괴로울 수밖에 없느냐 하면 절대 그렇지 않다.

사람은 너무 다양하기 때문에

다른 사람에게는 좋은 사람이라고 해도

나에게는 안 맞는 사람일 수 있다.

그렇다면 때로는 그 사람과 단호하게 멀어지고,

내 머릿속에서 지워버리는 것이 나을 수 있다.

다만 살아보니 나를 해코지했던 사람도
결국은 내 인생 스승이었다고 생각하게 된다.
반면교사가 되어 '나는 저렇게 살지 말아야지'라는 걸
배울 수 있으니 그 역시 공부가 되는 일이다.
그 사람을 오랫동안 마음에 담아두고 미워할 필요가 없다.
젊을 때는 '최고의 용서는 복수' 같은 마음으로
부글부글 끓고 독을 품는 마음도 이해하지만
그 미움이 내 안에서 나를 괴롭게 만들더라.

내가 미국에서 한식당을 할 때 지인들과 계를 들었다.
곗돈이 3만 불이었으니 지금도 큰 돈이지만
당시의 가치로도 엄청나게 큰 돈이었다.
그런데 어느 날, 모임의 한 명이 그 곗돈을 들고
소리 소문 없이 잠적해버렸다.
그야말로 청천벽력 같은 일이었다.
세상에, 내가 어찌나 충격을 받았는지
그 소식을 듣고 입 밖으로 비명이 절로 나왔다.

끝내 당시에는 어디로 도망갔는지 찾지 못하다가
이후에 한국에서 정말 우연히,
인터컨티넨탈 호텔 앞에서 그 여자를 딱 마주쳤다.
잘못은 그 사람이 했는데 마주치는 순간에
내가 왜 그렇게 몸이 덜덜 떨리던지.

그때 곗돈을 들고 그대로 한국으로 도망친 모양이었다.
남편이랑 같이 그 사람 집까지 쫓아갔는데,
14평짜리 집에 애가 넷이었다.
당연히 곗돈은 이미 어딘가로 증발하고 없었다.
무슨 사정인지는 몰라도 이미 빈털터리인 걸 뻔히 봤으니
현실적으로 할 수 있는 일이 없었다.

"저기, 내 얼굴 알죠?
나중에 언제든지 돈 생기면 갚으러 와요."

그냥 그 말을 남기고 나왔다.

그래서 나중에 돈을 받았냐고? 말해 뭐 해.
다시 우연히 마주친 적도 없지, 뭐.
신뢰가 깨졌으니 나에겐 너무나 큰 충격이었고,
또 큰 돈을 잃어 고통이었고,
그 사람은 결국 사기꾼이었지만 이제 지나간 일이 됐다.
적어도 자려고 누웠다가 분에 못 이겨
벌떡 일어나 씩씩거리지는 않는다.
그래봐야 아무것도 돌아오지 않는데
내 마음만 답답해져서 무엇하랴.

불교에서 다루는 유명한 일화가 하나 있다.
어느 날 한 사람이 스님에게 욕설을 퍼부었다고 한다.
그런데 스님은 아무 말도 하지 않고 가만히 듣고 있었다.
그러자 그 사람이 의아해하며 묻는다.

"왜 아무 말이 없으세요?
내가 모욕했는데 화가 안 납니까?"

그러자 스님은 이렇게 말한다.

"누군가 내게 선물을 주었는데 받지 않으면,
그 선물은 누구의 것이겠습니까?"
"물론 주인의 것이죠."
"맞습니다. 당신이 내게 준 모욕을 내가 받지 않으면,
그건 당신의 것입니다."

상대방이 내게 안긴 미운 감정을 받아든 채
오랫동안 품고 살 필요가 없다.
결국 그 사람이 자기 업보를 도로 가져갈 것이다.
그렇게 살면 안 된다는 걸 배웠으니 그 또한 스승이다.
하지만 나와의 인연도 여기까지다.
더 이상 그 사람의 잘잘못을 따질 필요 없이
인연을 끊고 멀어져 나의 평온을 찾으면 그만이다.

나도 예전에는 관계 속에서 불편함을 느끼면서도

억지로 맞춰주려고 노력했는데,
시간이 지나면서 그게 나를 갉아먹는다는 걸 깨달았다.
이건 나에게 맞지 않는 인연이었구나.
나에게 긍정적인 영향보다
부정적인 기운을 더 많이 주는 사람에 대해서는
빨리 멀어지고 차단하는 게 보다 확실한 답이었다.

대신 그만큼 만나기 어려운 좋은 인연을 소중히 하면 된다.
배우 생활을 하면서도 많은 사람을 만난다.
드라마를 촬영하는 동안에는 자주 보고 가족처럼 지내다가
끝나고 나선 그 인연을 이어가지 못했던 사람도 적지 않다.
그런데도 곁에 고마운 사람들이 남아 있으니
내게는 참 감사한 행운이다.
미선이, 경실이, 양희은, 조혜련, 지선이…….
다들 솔직하고 따뜻한 사람들이고,
일 년 만에 어쩌다 만나도 어제 만난 것처럼 친근하다.
물론 나이를 먹을 만큼 먹었더니

이제 세상을 떠나서 못 만나는 사람들도 있지만 말이다.

태어났을 때는 부모가 스승이고,
학창 시절에는 선생님이 스승이었다가,
살다 보면 좋은 사람도 나쁜 사람도 모두 스승이 된다.
일생을 살며 공부가 아닌 게 없고,
주변의 사람들을 보며 배움은 꾸준히 삶처럼 이어진다.

말이 안 통할 때는
기세가 전부야

처음 데뷔하고 연기를 시작했을 때,

학창 시절을 졸업하고 첫 사회생활에 뛰어든 나는

굉장히 내향적인 성격이었다. 인사도 제대로 못했다.

방송국에 가서 선배들이 보이면

얼굴도 제대로 쳐다보지 않고

기어들어가는 목소리로 "안녕하세요……" 하고 지나쳤다.

그런 나를 불러세워 자꾸만 말을 거는 선배는

꿈 속에서 호랑이로 나타났다.
아주 누가 잡아먹을까 봐 겁이 나서
눈도 못 마주치던 소심한 소녀가
〈순풍산부인과〉에서 바락바락 남편 바가지 긁는
그 선우용여라는 게 믿어지실는지 모르겠다.

결혼하고 나서부터 성격이 확 달라졌다.
피할 수 없는 현실과 맞부딪치니 내가 좋든 싫든
더 단단해지고 강해질 수밖에 없었다.
앞날에 대한 책임감도 생기고,
맺고 끊는 일에도 단호해졌다.
더구나 미국에서 생활할 때는
말도 제대로 안 통하는 타지에서,
두 아이를 키우는 엄마로서 주눅 들지 않고
우리 가족을 지켜내야 했다.
아이들을 키우니 피하고 망설이는 일보다는
어떻게든 헤쳐나가는 일들이 많았다.

말이 안 통할 때는
기세가 전부야

처음 데뷔하고 연기를 시작했을 때,
학창 시절을 졸업하고 첫 사회생활에 뛰어든 나는
굉장히 내향적인 성격이었다. 인사도 제대로 못했다.
방송국에 가서 선배들이 보이면
얼굴도 제대로 쳐다보지 않고
기어들어가는 목소리로 "안녕하세요……" 하고 지나쳤다.
그런 나를 불러세워 자꾸만 말을 거는 선배는

꿈 속에서 호랑이로 나타났다.
아주 누가 잡아먹을까 봐 겁이 나서
눈도 못 마주치던 소심한 소녀가
〈순풍산부인과〉에서 바락바락 남편 바가지 긁는
그 선우용여라는 게 믿어지실는지 모르겠다.

결혼하고 나서부터 성격이 확 달라졌다.
피할 수 없는 현실과 맞부딪치니 내가 좋든 싫든
더 단단해지고 강해질 수밖에 없었다.
앞날에 대한 책임감도 생기고,
맺고 끊는 일에도 단호해졌다.
더구나 미국에서 생활할 때는
말도 제대로 안 통하는 타지에서,
두 아이를 키우는 엄마로서 주눅 들지 않고
우리 가족을 지켜내야 했다.
아이들을 키우니 피하고 망설이는 일보다는
어떻게든 헤쳐나가는 일들이 많았다.

바쁘게 살다 보니 성격도 점점 급해지고 말도 빨라졌다.
지금도 가끔 연제는
"엄마, 예전에 조용조용 말하던 때가 그리워~" 한다.
아휴, 이제 그러면 속 터져서 못 살아.
이미 돌이킬 수가 없는데 어쩌겠니.

꼼꼼하지는 못한데 행동력만 좋아 문제가 생길 때도 있다.
미국으로 건너갔을 때는
아이들을 데리고 가장 가고 싶었던 곳이 디즈니랜드였다.
미국에 오기 전에도 꼭 데려가고 싶었던 곳이라서,
드디어 날을 잡아 아이들과 디즈니랜드로 향했다.
그 넓은 미국 땅에서 지금처럼 내비게이션도 없이
표지판만 보고 길을 어떻게 찾았는지 모르겠다.
어쨌든 무사히 도착해 주차를 하고 들어가
신나게 놀고 나왔는데, 음, 주차장이 이렇게 넓었나?

차들이 끝도 없이 늘어져 있는 어마어마하게 큰 주차장······.

우리 차가 어디에 있는지 절대로 기억이 안 났다.
그렇다고 당황해서 발만 동동 구를 수는 없는 노릇이다.
하필 날씨도 추워서 아이들과 몸을 덜덜 떨며
주차장을 누비다가 겨우 차를 찾아 집에 돌아갈 수 있었다.
어쨌거나 찾긴 찾아서 다행이었지, 뭐.

미국에 오래 살았지만 지금도 영어는 잘 못하고,
그때도 마찬가지였다.
한국인들이 외국에 나가면 영어를 잘 못해서 주눅들고,
불합리한 일을 겪어도 컴플레인을 하지 못하고
그냥 참는 경우가 많은데 꼭 완벽하게 말할 필요 없다.
우리도 외국인이 우리말을 잘 못해도
호의를 가지고 말하는지, 무례하게 행동하는지 아는 것처럼
외국에 나가도 다 똑같다.

나는 미국 생활을 하던 당시 아파트 9층에 살아서
엘리베이터를 타고 다니다 보니

이웃 주민인 미국인들을 자주 마주쳤다.
그런데 어느 날은 한 미국 여자가 나를 보더니
"으으음!" 하고 코를 막는 제스처를 취했다.
지금 나한테 저러는 건가, 순간 멀뚱히 보고 있는데
엘리베이터에서 내리면서 가운데 손가락을 들어올렸다.
나는 그게 무슨 뜻인지도 몰랐다.

학교에 다녀온 연제에게 오늘 이런 일이 있었다고 하니
연제가 "엄마, 그거 굉장한 욕이래" 하고 알려줬다.
김치 냄새, 마늘 냄새, 뭐 그런 냄새가 난다고
대놓고 인종 차별을 하고 간 것이었다.
어머, 무슨 일이야. 가만히 있는 사람한테 욕을 하고 지나가?
기가 막히고 코가 막힐 노릇이다.

다음 날에 일부러 그 여자가 나타날 시간에
아파트 현관 앞에서 딱 기다리고 있었다.
그리고 마주치자마자 얼굴을 똑바로 보고 버럭 소리쳤다.

"God damn! Cheese smell bad smell!"

치즈 냄새도 고약해! 일침을 날려주고
어제 그 손가락 모양을 흉내내며 "No more!"
다시는 그러지 말라고 혼쭐을 내주었다.
비록 내가 영어는 잘 못해도 하고 싶은 말은 해야지!
기세로는 지지 않을 자신이 있었다.
그랬더니 여자는 기겁하면서 가버리고,
그 다음에 마주칠 때부터는 전처럼 대놓고 욕하지는 않고
그냥 혼자 숨을 참는 게 보였다.
한번 들이박았으니 나중에 다른 한국인에게도
섣불리 손가락 욕부터 들이밀지는 못하겠지?

내가 잘못한 것도 없는데 기가 죽을 필요 없다.
호랑이 같은 선배들을 마주보기 무서워할 만큼 소심해서
인사도 제대로 못 건네고 다니던
20대의 선우용여는 어디 가버렸는지 모르겠지만,

적어도 당당하게 말하고 내 생각을 표현하는 지금이
사는 데는 훨씬 도움이 된다.
실수할까 봐 무섭고, 낯설어서 주저하기만 했다면
미국 땅에서 아이들과 디즈니랜드에 갈 엄두도
쉽게 내지 못했을 것이다.

필요할 땐 기세로 밀어붙이자!
일단 부딪쳐보면 생각보다 별거 아니다.

잘되면 좋고,
아니면 말아

최근에는 유튜브가 많은 사랑을 받는다며
주변에서도 축하의 메시지를 듬뿍 받고 있다.
나뿐만 아니라 여러 제작진이 함께 고생해주고 있으니
당연히 잘되면 너무 좋고,
또 시청자분들에게도 감사한 마음이 넘친다.
살다 보면 이렇게 가끔씩 예기치 못하게
커다란 이벤트가 찾아와준다.

기쁠 땐 마음껏 기뻐하되 다만 너무 붕 뜨지는 않으려고,
그 안에 푹 잠겨 허우적거리지는 않으려고 한다.

유튜브에 댓글도 많이 달린다는데
일부러 댓글도 잘 보지 않는다.
좋은 댓글은 같이 일하는 작가나 PD가 전해주기도 하지만
모두가 좋은 반응만 보일 수는 없겠지, 그게 당연하다.

요즘에는 SNS를 하는 사람들이 많아서
댓글이나 조회수 반응에 더 예민해지는 것 같다.
특히나 연예인들은 대중에게 노출되는 일이 많다 보니
한 줄의 댓글에도 마음이 흔들리게 된다.
좋은 댓글을 보면 우주에서 인정받은 것처럼 들뜨지만,
일부러 상처를 주려는 악의 있는 댓글을 보면
어쩔 수 없이 위축되는 것이 사람이다.

그 모든 반응을 스쳐가는 바람 정도로 여겨보면 어떨까.

어떨 땐 순풍이 불어 나를 원하는 곳으로 이끌어주지만,
어떨 때는 발을 내디디기 어려울 만큼
맞바람이 세차게 부는 날도 있다.
하지만 내가 굳건하게 서 있다면 바람은 날 어찌할 수 없다.
결국 바람은 흩어지고, 나는 여전히 내 자리에 있다.

사방에서 아무 의미 없이 던지는 한마디마다 휘청이다가는
내가 어디로 가고 있었는지도 잊고 길을 잃기 십상이다.
그래서 나는 좋은 말에도, 나쁜 말에도
크게 마음의 공간을 내어주지 않고
내 안에 집중하면서 살려고 한다.

우리 인생에는 공짜가 없다.
잘된다고 해서 내가 대단한 것도 아니고,
지금 잘 안 돼도 뿌린 것이 있으면 반드시 거둘 날이 온다.
인생의 굴곡진 파도를 여러 차례 건너다 보니,
일희일비하기보다는 그저 열심히 살 뿐이다.

요행을 바라지 않고 주어진 일에 최선을 다하니
결과와 상관 없이 내 삶에 떳떳하고 만족스러울 수 있었다.

어떻게 보면 뻔한 말이지만,
이렇게 평정심을 유지하는 마인드가 나에게는
'긍정적'으로 세상을 바라보는 방식이다.
나이 들다 보니 나에게 뭐가 좋고, 뭐가 나쁜지를
명확하게 판단할 수 있는 현명함이 생겼다.

젊을 때는 스트레스 받는 일이 있으면
발을 동동거리기도 했다.
원래 성격이 급한 편이라서 마음처럼 되지 않으면 초조했다.
지금도 성격이 급한 건 여전하지만,
내게 선택지가 있을 때는 단호하게 맺고 끊는 결정을 내리고
선택지가 없을 땐 어떤 문제에 매몰되지 않으려고 한다.
거기에 집중하면 계속 마음에 걸리기 때문에,
내가 어찌할 수 없는 일이라면

정신적으로 그 일과 분리되어
평온한 상태를 유지하는 것이 최선의 방법이다.

나를 힘들게 하고, 슬프게 만드는 일에
너무 마음을 건네주지 않는 게 좋다.
시련이 있을 땐 그것을 과정으로 생각하고,
좋은 게 오려나 보다, 하고 기다리면
또 기쁜 일이 찾아오더라.
정 안 되면 그냥 '몰라, 몰라!' 하고
뒤도 돌아보지 말고 그 자리를 떠나는 것도 방법이다.
내 역할에 대해서는 충실하고 도리를 지키며 정직하게 살되,
때로는 생각의 고리를 단호하게 끊어내고
잡념의 찌꺼기를 떨쳐내는 게 정신 건강에 좋다.

인생은 혼자야!
그게 뭐 어때서?

미국에 살고 있는 딸 연제가 한국에 들어왔다.
엄마 생각을 끔찍이 해주는 다정한 딸 얼굴을 보면
그 반가움이야 이루 말할 수가 없다.
하지만 여느 집과 마찬가지로 며칠 붙어 있다 보면
또 그렇게 투닥거리는 게 모녀 사이다.
연제는 제 아빠를 똑 닮아 아주 야무지고 깔끔한 성격이다.
나는 적당히 대충 해도 된다는 쪽이라서

생활 습관부터가 참 달라도 그렇게 다를 수가 없다.

연제가 집에 오면 방마다 어질러진 물건부터 정리한다.
버려야 할 건 버리고,
제자리에 두어야 할 물건은 제자리에 가져다두고,
뭐든지 가까이에서 챙겨주려고 한다.
가끔은 목이 말라도 몸을 일으키기가 힘들어
그냥 참을 때도 있는데,
딸이 얼른 가져다주고 영양제도 챙겨주니 고맙기도 하고
좋긴 참 좋다.
문제는 딸이 미국으로 돌아가고 나서인데,
내가 내 집의 물건을 찾기가 너무너무 힘들다.

젊었을 땐 엉덩이가 가벼우니 괜찮은데
나이가 드니까 나는 앉은 자리에서 손 닿는 곳에
물건을 늘어놓는 게 편하다.
그래서 깔끔쟁이 눈에는 어지러워 보일 수 있지만

나에게 익숙한 생활 습관이 그런데 어쩌겠어.
아무리 내 몸의 일부 같은 딸이라고 해도
"엄마 집은 엄마가 사는 대로 그냥 내버려둬라!"
잔소리가 안 나올 수가 없는 거다.
요즘에는 연제도 내 스타일을 인정하고
비뚤어진 액자를 참아주는 게 눈에 보여 웃음이 난다.

아이를 낳으면 언젠가는 독립해서 출가를 한다.
그럼 부모는 부모대로, 딸은 딸대로
각자의 삶을 이어가는 것이 자연스러운 수순이다.
떨어져 살다가 만날 땐 기쁘지만
헤어지면 또 자녀는 그들의 삶으로 돌아가는 것이다.
성장하는 동안에는 부모에게 가르침을 받았지만,
나중에는 독립된 가정과 사회에서
자신만의 연습을 하며 살아갈 수밖에 없다.
또 이는 나이 80세가 된 부모도 똑같다.
처음 맞이한 80세의 삶에 적응하기 위해

스스로의 세계 속에서 연습을 해야 한다.
서로에게 너무 연연하지 않고
각자의 세계도 살아갈 수 있어야 한다는 생각이다.

최근에는 운전을 하다가 갑자기 단어 하나를 놓쳤다.
가만 있자, 방금 내가 뭘 생각했더라? 그러니까……
아, 매실, 매실!
매실청이라는 단어가 순간적으로 가물가물해서
잊어버리지 않으려고 몇 번을 입 안에서 되뇌었다.
사람은 완벽할 수 없으니까 조금이라도 나아지려면
늘 연습하고, 노력하는 수밖에 없다.
그러다 보면 나도 모르게 연습이 체화되고 조금은 쉬워진다.

연제는 한국에 오면 운전도 대신 해주고 싶어 하지만
나는 평생 운전대를 남에게 맡겨본 일이 거의 없다.
어차피 딸은 또 미국에 있는 자신의 삶으로 돌아가야지.
자식에게 너무 의존하지 않고

내가 할 수 있는 일을 하는 게 되려 마음이 편하다.
서로가 자신의 삶에 충실하고 자유롭게 살면 충분하다.

또 한편으로는 아무리 자식이라도
한창 사회에서 바쁘게 일해야 하는 젊은 자식들이
부모의 삶을 돌봐야 하는 상황은 부모에게도 마음의 빚이다.
그러니 부모로서 자신의 삶을 희생하면서까지
자식의 삶에 당장 도움을 주기보다는,
오히려 부모 자신의 건강과 삶의 질을 돌보는 것이
더 중요한 부분일 수도 있다.
냉정하게 각자의 삶을 산다는 마음이라기보다는
그게 자식들이 자신의 삶을 온전히 살아갈 수 있도록
가장 든든한 지원을 해주는 일이 아닐까 싶은 것이다.

근본적으로 인간은 고독하다는
존재론적인 이야기가 아니라,
혼자서도 잘 살 수 있는 에너지가 중요하다는 이야기다.

집에서 혼자 밤낮 티비만 보며 무기력하게 늘어져 있으면
하루 종일 자식만 기다리게 된다.

그보단 가끔 지하철을 타고 양평까지 갔다가
천천히 걷고 산책하다 돌아오면 기분이 상쾌해진다.
운동을 못하는 날에는 동네 산책이라도 하고,
비가 오고 눈이 와서 못 나가면
집안에서 걸레질이라도 하며 몸을 움직인다.
잘 챙겨 먹으며 에너지를 충전하고, 움직이고, 운동하며
건강하게 에너지를 소모하면
나 자신과의 시간도 외롭지 않고 즐겁다.

주변을 보면 부모들은 늘 자식을 그리워하며,
품 안에 두고 살고 싶어 한다.
다소 냉정하게 들릴지 모르겠지만
나는 자식들과 떨어져 있더라도
부모 자신의 삶을 살 줄도 알아야 한다고 생각한다.

오로지 자식을 위해서 살아가다 보면

나중에 내가 애들을 두고 어떻게 죽어?

서로 필요할 때는 도움을 주고받으면 되지만,

사람은 기본적으로 누구나 홀로 설 수 있어야 한다.

직접 만들어야
내 행복이 된다

두 아이를 낳고 키워 독립까지 시키고 보니,
한 사람이 부모가 되어 살아간다는 건
내 삶의 대부분을 아이를 위해 쓰고 나누는 일이기도 하다.
부모로서 무엇과도 맞바꿀 수 없는 가장 큰 행복이
바로 아이들이라는 사실에 공감하지 않는 부모가 있을까.
마음은 별도 달도 따다줄 만큼 애틋하지만
또 막상 부모의 품 안에서만 키우는 것이

아이를 위한 일이라고는 생각하지 않는다.

세상은 일방적인 게 없다.
부모가 자식에게 사랑을 베푸는 것 같지만
사실 그 역시 부모에게 받은 사랑을 물려주는 일이다.
아깝지 않다고 해서 모든 걸 다 해주려는 것보다는
스스로 설 수 있는 법을 배우도록 알려주고,
또 믿고 지켜봐주는 것도 부모의 역할일 것이다.
사실 아이를 독립시키는 것도 부모에게는 큰 과제다.
자녀가 떠난 빈자리에 허전함을 크게 느끼는
빈 둥지 증후군도 있다고 하니까.

하지만 부모가 아이에게 모든 걸 다 해주는 건
오히려 역효과가 날 뿐이다.
요즘에는 아이가 대학을 가면
교수님에게 전화를 해서 학점에 대해 물어보고,
직장에 가면 직장 상사에게 전화해서

왜 애를 야근시키는지 묻는 부모도 있다고 한다.
그렇게 하나부터 열까지 부모가 챙겨주면
스스로 할 줄을 모를까 봐 심히 걱정이다.
좀 고생하더라도, 막다른 길에 부딪쳐보더라도,
자식들이 스스로 삶의 길을 찾고 성장하는 걸
묵직하게 지켜봐주는 것도 중요하지 않을까?

아마도 난 우리 엄마의 성향을 닮은 것 같다.
엄마는 남동생들을 모두 대학까지 뒷바라지했지만,
다들 직장에 다니고 결혼하니
첫 셋방 월세 한 달치만 딱 내주고
이후에는 지원을 끊는다고 선언했다.
이제 엄마와는 별개의 삶이니,
손 벌리지 말고 너희끼리 잘 살라고 했다.
다들 그 후에는 엄마의 도움 없이도
알아서 잘 먹고 살고, 각자 집도 사고 사장도 됐다.
엄마가 가진 재산을 다 털어주고 거기에만 의지했다면

오히려 할 수 있는 일도 덜 해냈을지도 모른다.

엄마는 돈 버는 딸에게
엄마를 챙기고 효도하라고도 안 했다.
한창 일하느라 바쁠 땐 엄마 얼굴을 본 지가 까마득했다.
사느라 정신이 없어 흩어져 있던 미안한 마음을 그러모아
어쩌다 한 번씩 엄마에게 겨우 연락을 했다.

"엄마, 내가 힘들고 바빠서 자주 못 가서 미안해."

그러면 엄마는 늘 그랬다.

"아니다, 바쁘니 명절에도 안 와도 된다.
네가 쉬는 날이 내 생일이고, 명절이야."

내가 결혼 후 집안 사정을 일일이 말을 안 해도,
엄마는 내가 어떻게 숨 가쁘게 살고 있는지 알았던 것 같다.

티비에 나오면 또 그걸 챙겨 보시는지,
처음에는 탤런트를 한다니 질색하던 엄마가
나중엔 왜 티비에 얼굴을 안 비추느냐고 묻기도 했다.
자주 보고 연락하지 못해도
엄마는 나의 삶을 응원하며 지켜보고 있었다.

나도 아들딸을 낳고 보니 부모로서 자연스레
자식이 어떻게 살길 바라는 마음이 생긴다.
쉽게 가길 바라는 마음에 도와주고 싶기도 하고,
하나부터 열까지 꽃길을 깔아 걷게 해주고 싶은 마음이
모든 부모에게 왜 없겠는가.

하지만 나도 아이들에게 일부러라도 그러지 않으려고 했다.
아들은 세상을 떠나기 전에 아팠던 아버지의 간병을
끝까지 다 챙기고 나서 미국에 돌아가
40세에 우버 기사를 시작했다.
고생스러웠겠지만 나도 지켜보며 마음으로 응원했다.

자신의 길을 자기 힘으로 살아가며 얻는 것들이
가장 온전한 자신만의 삶을 이루기 때문이다.
지금은 부동산 일을 하면서
집도 직접 예쁘게 인테리어하여 근사하게 잘 살고 있다.

남편이 워낙 재판을 오래 진행하고 고생한 게 한이 되어
사실 딸 연제는 변호사가 되었으면 하는 마음도 있었다.
그런데 연제는 죄를 지은 사람도 변호해야 하는 직업이라
변호사를 하고 싶지는 않다고 하더라.
본인의 뜻이니 그래, 네가 좋을 대로 해라, 그랬다.
딸의 인생은 또 딸의 인생대로 한 치 앞을 모르게 흘러가
비행기 타다가 사위를 만나고 지금은 한의사가 되어 있다.

주변을 보면 돈 많은 부모들이
자식에게 무한정 베푸는 경우가 많아서
'금수저', '흙수저' 같은 용어까지도 등장한 것 같다.
그런데 부모의 팔자가 곧 자식의 팔자가 되면

홀로 서는 법도, 감사하는 법도 잘 배울 수 있을지
오히려 나는 걱정이 된다.

부모의 능력으로 커다란 알 속에 감싸여 살아가는 것보다
작고 소박하더라도 내 힘으로 만들어가야
온전히 내 행복이 될 수 있을 것이다.
아무리 겉이 화려해도 속이 엉망이면 아무 소용이 없다.
내면이 더 단단해지고,
훗날 부모가 없이도 어려움을 극복하고 회복할 수 있는
자신만의 삶을 꾸려가도록 지켜보는 것이
부모가 할 수 있는 마지막 간섭이자 도움이 아닐까 한다.

Chapter 4 내가 살아보니까 말이야

노년의 부부로
사는 법

요즘엔 결혼을 늦게 하는 추세라지만
30대 느지막이 결혼하더라도 별 일이 없는 한
앞으로 50년 이상을 함께 살게 된다.
결혼하고 살림하며 애들 키우고 살다 보면
시간이 어떻게 흐르는지도 모르게 하루하루가 바쁘다.
그러니 부부끼리 연애 때 모습과는 다르게
흐트러지는 모습도 보여주기 마련이다.

연애할 때의 모습만 생각하며
상대방에게 바라는 점만 요구하다 보면
결혼 생활이 결코 쉽지 않다.
상대방을 자기 뜻대로 바꾸려고 에너지를 다 쓰기보다
현재 모습의 서로를 보고 맞춰가며 사는 것이
노년까지 함께 잘 보내는 방법이 아닌가 한다.

남편이 돌아가시고 난 뒤의 어느 날,
평소처럼 차를 운전하는데 갑자기 차가 도로에 멈춰섰다.
아니, 차가 왜 갑자기 안 가?
이유도 모르고 당황하며 우왕좌왕했는데
알고 보니 차에 휘발유가 없어서였다.
당연히 차에 기름을 넣어야 가지!
그걸 몰랐다는 게 말이 되나 싶겠지만 내가 그랬다.
자동차를 운전할 줄만 알았지,
평소에 주유하고 세차하는 건 남편이 다 해줘서
의식도 하지 않고 살았던 것이다.

이것 참…….
휘발유가 없어 멈춰선 차를 보면서
마음이 그렇게 찡할 수가 없었다.
내가 부족한 부분을 남편이 다 메꿔주었는데,
이제는 남편 없이 혼자 해나가는 법에 익숙해져야 하는구나.

어찌 보면 남편의 빚을 갚느라
아등바등 살아온 인생이라고도 할 수 있겠지만,
내가 선택한 결혼이었고
남편과 내겐 서로의 역할과 복이 있었다고 생각한다.
미국에서 건너와 내가 다시 연기를 시작했을 때
남편은 싱가포르로 골프를 치러 다니고 그랬다.
놀러 다니는 남편이 밉기보다는
나에게 일할 복이 있다면 그는 받을 복이 많은 남자구나,
그래서 나에게 일할 복을 줬구나, 싶었다.
세상은 모두 주거니 받거니 상부상조하며 사는 것이다.
남과도 그렇지만 부부 관계도 마찬가지다.

그래서 아예 쿨하게 통장을 다 남편에게 넘겨버렸다.
남편에게 돈 관리를 맡기고 나는 카드 하나만 받아 썼다.
되려 아이들이 커서 그러지 말라고 잔소리를 했는데도
"엄마가 아버지 준 거니까 너희가 왈가왈부할 거 없다!"
하고 말았다.

그런데 암만 봐도 안 되겠는지
어느 날 갑자기 아들 종욱이 가족 회의를 소집했다.
나와 남편을 다 한자리에 불러 모으더니
제 아버지가 관리하고 있는 통장과 카드를 내놓으란다.
나도 몰랐는데 남편이 쓰는 카드가 3개나 됐다.
아들이 꼼꼼하게 보더니 이날만큼은 강경한 태도를 취했다.

"남자들이 문제네요. 아버지, 이 카드 자르겠습니다."

아들이 대학원에 다니게 되면서
자신의 학비가 생각보다 너무 비싼 것에

마음이 쓰였던 모양이었다.

그런 아들의 행동에도 놀랐는데, 남편의 대답에 더 놀랐다.

"그래. 알았다."

평소 같으면 어림도 없다.

화도 내지 않고 이렇게 순순히 대답할 사람이 아닌데

도대체 무슨 심경의 변화였을까……?

아들은 어머니가 고생해서 번 돈이라면서

각기 적정 수준의 용돈까지 책정했다.

"통장은 이제 엄마 드리세요.

그리고 아버지는 100만 원만 쓰시고요.

저는 50만 원 쓰겠습니다."

남편이 또 그러겠다며 수긍하니

아들도 회의를 마무리하고 방으로 들어갔다.

정말 이렇게 정리되나 싶었는데
역시 남편이 순순히 대답한 이유가 있었다.
아들 방문이 닫히자 슬그머니 내게 고개를 기울이고
'300만 원은 써야겠다'고 하지, 뭐.

그런데 그 이후 7, 8개월쯤 지났을까.
남편이 병원에서 파키슨병 진단을 받았다.
갑자기 현관문을 열고 외출하는 등 치매 증상도 생겼다.
결국 남편은 입원을 하게 되었는데,
병원에 모여 있는 간병인들이 불친절한 모습을 봤다며
아들이 아버지를 집으로 모시겠다고 나섰다.
그렇게 아들이 외래도 모시고 다니고 집에서 간병도 하며
효자 노릇을 톡톡히 했다.
내가 밤늦게 촬영이 끝나고 와서 간병하겠다고 해도
어머니는 주무시라고 손사레를 쳤다.
그렇게 남편이 5년 동안 병상 생활을 했는데
아들이 욕창 하나 없이 관리해줘서 병원에서도 놀랐다.

이런 아들을 둔 것도 우리 부부가 타고난 복이었다.

부부 사이에는 누가 돈을 더 잘 번다고 해서
잘난 척할 필요도 없고, 생색을 낼 것도 없다.
억지로 서로를 바꾸려고 하기보다는
있는 그대로의 성향과 타고난 복도 인정하며
서로 존중할 줄 알아야 한다.

그럴 바엔 아예 혼자 사는 게 속 편한 거 아닌가,
그렇게 생각하는 요즘 사람들의 마음도 이해는 간다.
다만 타인과 함께 살아간다는 것은
궁극적으로 서로 부족한 점을 메꿔가며
함께 성장하자는 약속이다.
서로에게 의지할 수 있기에 더 멀리 나아갈 수 있다.
조금 삐걱대다가 쉽게 이혼하기보다는
힘들 때 서로 북돋아가며 다음 페이지를 넘겨보는 것도
한 사람의 삶에 큰 의미로 남는 것은 분명하다.

남편과는 잘 맞는 부분도 있고,
그렇지 않은 부분도 있었겠지만
서로 채워주고 주고받으며 40년을 함께 살았다.
나도 남편을 위해 희생한 부분이 있지만
누가 뭐래도 나 역시 남편 덕을 봤다.

물론 뭐, 다른 연애 한 번 못해보고
한 사람만 만나다가 결혼했으니
그게 쬐끔 아쉽지 않다고는 못하겠지만 말이다.
다음 생애에는 조금만 더 늦게 만나서……
조금 더 오래 같이 삽시다, 응?

늙었다고
다 아는 건 아니야

뇌경색이 와서 쓰러지고 난 뒤의 어느 날,
미국의 아들 집에 방문한 적이 있다.
같이 먹으려고 초밥을 사갔는데 하필 간장이 없었다.
옆에 있는 며느리에게 "간장 좀 가져와라" 하니
"네~" 하고 부엌으로 간다.
그런데 그날따라 왜 그랬을까?
뭔가 며느리의 눈빛이 불만스러워 보였다.

그럴 이유가 없었는데……
나도 모르게 순간적으로 울컥해서 소리를 버럭 질렀다.

"너 어른 앞에서 태도가 그게 뭐야!"

분위기가 싸해지면서 당황한 며느리가 눈물까지 보였다.
상황은 벌어졌고, 나도 마음이 불편해
그 길로 아들 집을 나와 딸 집으로 옮겨갔다.
그 후로 며느리에게는 연락이 없었다.
고부 간에 소통이 끊기니
양쪽의 입장을 다 이해하는 아들이
중간에서 무척 난감했을 것이다.
나도 시간이 지나니 미안한 마음이 컸다.

그 후로 며느리 화가 풀릴 때까지 3년을 잠자코 기다렸다.
시어머니가 꼴 보기 싫었을 며느리도
시간이 지나니 마음의 문을 열어주었고,

비온 뒤 땅이 굳는 것처럼 지금은 더욱 돈독한 사이가 됐다.

그때 내가 왜 그렇게 이유 없이 신경질을 냈을까?
돌이켜보면 뇌경색 때문이었던 것 같다.
뇌경색 환자들은 괜한 자격지심이 있어서
금방 화를 내고 짜증을 내기 쉽다.
건강한 몸에서 건강한 생각과 건강한 말이 나온다.
뇌경색이 왔을 때는 자꾸 화가 나고 신경질이 나서
뭐든지 부정적으로 보였다.
별것도 아닌데 버럭 화가 났다.
정신적으로 건강하기 위해서라도
신체적 건강과 좋은 컨디션을 유지하는 게 이렇게 중요하다.

나이가 들수록 알아야 하는 건
'내가 다 맞는 건 아니다'는 점이다.
시어머니 말이라고 다 따라야 하는 것도 아니고,
어른이라고 해서 다 옳은 것도 아니다.

아무리 나이를 먹더라도
사람은 누구나 아는 것보다 모르는 것이 더 많다.
어떤 건 어린 사람이 더 많이 알 수도 있고,
더 현명할 수도 있다.
나이가 많다는 이유로 대우받으려고 하기보다는
오히려 젊은 사람들의 이야기를 들어주고,
응원하는 목소리를 더 많이 내야 한다고 본다.

사실 나도 고집을 부리다가 딸이랑 많이 싸운다.
팔순에 딸 연제가 식사를 대접한다며
근사한 미슐랭 레스토랑에 가자고 조르는데
대번에 "싫어!" 소리부터 나왔다.
팔순이 뭐 별 건가?
아이고, 접시 위에 한 입거리가 올라간 음식을
세 시간씩 먹는 게 나는 영 성질에 안 맞는다.
젊은 사람들이 데이트하려면 세 시간도 모자라니
그럴 때야 미슐랭이 좋겠지,

우리 세대는 그저 맛나고 푸짐한 게 최고다.
나는 싫다, 안 간다 하고,
연제는 기어이 엄마랑 가고 싶다고 하고,
몇 날 며칠을 옥신각신하다가 결국 딸을 못 이겼다.

나는 밥 먹는 속도도 빨라서
느릿느릿 나오는 코스 요리를 기다리려니 속이 터진다.
한 접시에 가격이 얼마야, 그걸 생각하면 맛도 모르겠다.
호텔 조식이야 건강을 위한 최대한의 선일 뿐이고,
내가 사치를 하려고 하는 건 아니다.
내 미식 수준에 이런 미슐랭은 너무 넘친다.

그래도 곰곰이 생각해보니 딸도 엄마 생각해서
그렇게 좋은 데 가자고 하는 건데,
"그 그림 같은 걸 왜 먹어!" 하고 소리부터 빽 지른 게
뒤늦게 좀 미안해진다. 너무 세게 말했나?
그럼 또 딸에게 슬그머니 미안해, 사과를 한다.

딸 마음을 몰라줘서 미안한 건 또 미안한 거니까.

그런데 다 먹고 나서 계산할 때가 돼서야 연제가
"엄마, 이거 사위가 사는 거야" 하는 게 아닌가.
또 삐죽 열이 받는다.

"그 얘길 왜 이제 하니!
사위가 사준다고 한 거면 군말 않고 왔지."

아무튼 간에 이럴 때 보면
내 속을 다스리는 것도 쉬운 과제는 아니지만,
그래도 아닐 땐 자존심을 내려놓고
누구에게든 사과할 줄도 알아야 하는 것 같다.
젊은 사람에게도 배울 건 배워야 하는데,
반대로 내 가치관만 주입시키려고 하면 그때부터 꼰대다.

내가 데뷔했을 때쯤엔 방송국에도 당연히

나보다 어른들이 많았는데,
그들이 다 존경할 만한 어른은 아니었다.
이상한 방식으로 돈을 벌기도 하고,
불합리한 일을 강요하기도 했다.
지금은 내가 그들보다 더 어른이 되어 있으니,
아무리 나이를 먹었어도 내 말이 다 맞지는 않다는 걸
잊지 않으려고 한다.

내가 모르는 걸 아는 게,
모르는 걸 모르는 사람보다 더 많이 아는 것이다.

세상에
안 죽는 사람이 있나?

80세가 되면 어떤 기분이냐고?

글쎄, 나도 그다지 나이를 생각하지 않고 살았다.

요즘 들어 유튜브도 하고, 사람도 많이 만나면서

내 나이를 자주 들먹거리니까 그제야

'어머, 세월이 벌써 이렇게 됐구나' 싶은 거다.

태어날 때부터 시간은 모두에게 공평하게 주어지는 것이라

나이 드는 게 서글플 일은 아니지만,
이제 살 날이 얼마 안 남았다는 걸 문득 생각하게 된다.
80년을 살았으니 앞으로 걸어갈 수 있는 남은 시간은
지금보다 더 열심히 살아야겠구나.
자식들에게 폐 끼치지 않으려면
오히려 내 건강을 더 많이 챙기고,
날 먼저 돌보며 매일매일 더 소중히 아껴줘야겠구나.

잘 사는 게 별거 아니다.
과거에 붙잡히지 말고 항상 현재를 열심히 살면 된다.
내 장점 중 하나가 어제 일은 생각하지 않는다는 것이다.
어제 아무리 대단하면 뭐 해?
나이 들어서 '라떼는 이랬는데',
'내가 왕년엔 이 정도였는데' 하는 것만큼 부질없는 게 없다.

이미 지나간 일은 과거가 되었다.
왕년에 내가 무엇이었는지는 하나도 중요하지 않다.

과거에 사장님이었는데 지금은 수위를 하는 게 뭐 어때서?
왕년은 지나갔으니 지금은 지금대로 살아야 한다.
내가 경험했던 과거를 또 다른 세상에 적용하고,
새로운 삶을 향해 성장하고 영유하는 삶을 살면 된다.

배우를 그만두고 미국에 가서 지낸 8년 동안
한국에 남겨두고 온 나의 과거는 쳐다도 보지 않았다.
미국에서 당장 할 줄 아는 일이 없으니
처음에는 파출부부터 해보려고 했다.
그러다가 봉제 공장도 하고, 한식당도 하고, 미용도 배우며
할 수 있는 건 뭐든지 했다.
카메라 앞에 설 때나 배우지, 오늘은 배우가 아니니
과거에 했던 일에는 연연하지 않았다.

지금도 촬영할 때 외에 평소에는
직업을 그리 의식하지 않는다.
돈이 많든 명예가 있든 죽는 건 다 똑같다.

예수님도, 부처님도, 역사 속의 성인들도
예외 없이 모두 세상을 떠났다.
대신 좋은 말씀을 남기셨을 뿐이다.

예쁘고 젊을 때 고생했던 게 아쉽기보다
오히려 지금은 감사함을 느낀다.
초년에 모든 걸 다 누리고 사는 사람들은
물론 그것대로 좋은 시간이겠지만,
그렇지 못하다고 해서 박탈감을 느낄 필요는 전혀 없다.
다만 젊을 때는 어떤 일이든 좋으니
두려움 없이 시도해봤으면 좋겠다.
초년에는 이것저것 많은 걸 겪어보고,
중년에는 그중 좋아하는 일을 내 것으로 만들고,
그러고 나면 노년에는 평안해진다.

요즘에는 젊은 스태프들도 모두 자기 일에 자부심을 갖고
전문적으로 최선을 다하려고 하는 모습이 참 멋있다.

예전에는 현장에서도 감독이라고 자기 일을 미루거나,
손 하나 까딱하지 않고 어린 스태프에게
온갖 일을 다 떠넘기는 사람도 많았다.
지금은 각기 자기 역할을 충실히 하면서,
또 후배들을 생색 없이 도와주고 가르쳐주는 모습이
무척이나 보기 좋다.

아무리 잘난 척해도 사람은 누구든지
끝내는 다 똑같이 죽는다.
그러니 살아 있는 동안 충실히 살고,
또 좋은 마무리를 하는 게 참 중요한 것 같다.
태어났을 땐 부모의 보살핌 속에서
그저 잘 먹고 잘 자면 그만이지만,
삶의 마무리는 온전히 자신에게 달렸다.
어떤 존재로 살아갈 것인가,
또 어떤 존재로 세상을 떠날 것인가.
거창한 물음 같지만

그저 지금 살아가는 현재 속에서 최선을 다하면
그게 삶의 전부다.

사람들은 자신이 영원히 살 것처럼 생각한다.
그래서 오늘 할 일을 내일로 미루고,
변화 없이 현재의 가치관을 고집하고,
지금의 고통이나 혹은 지금의 영광이
언제까지고 지속될 거라고 쉽게 믿어버린다.
나는 언젠가 죽는다는 걸 알고 있는 삶이
더 멋지다고 말하고 싶다.
대단하면 안 죽는 거 아니다. 대통령도 다 죽는다.
그러니 잘나고 못난 것에 연연하지 말고
지금을 살아가면 된다.

종교 대통합의 장이 된
장례식장

"자비로운 말 한마디가 천 갈래 복의 문을 연다."
"마음이 앞서고, 말이 뒤따르며, 행이 이루어진다."

나는 부처님 말씀을 좋아해서 아침마다 읽고,
아이들에게도 메시지로 보내주곤 한다.
깨달음을 주는 좋은 말씀이 많아서,
어떨 땐 아이들을 키우는 동안에

왜 진작 이 말을 안 해줬을까 하고 새삼 반성을 한다.

부처님 말씀이 필요했던 어떤 순간에

그 말을 해주었다면 좋았을 텐데, 싶다.

우리 엄마도 불자셨고, 나도 불자라서

부처님 말씀을 자주 들여다보고 접하며 자랐다.

남편 집안은 원래 불교였는데 시어머니가 교회를 다니셨다.

시아버지가 교회에 못 가게 하려고 야단을 치면

치마에 성경책을 가리고 가셨다고 한다.

그리고 남편은 천주교다.

맨 처음에 연애한 여자가 명동성당 천주교 신자였다나?

그때는 성경을 원어로 외워야 세례를 주었다고 한다.

세례를 받으려고 일 년 동안 원어를 열심히 외워서

마침내 '토마스'라는 세례명도 받았다.

그런데 나랑 결혼하면서 다시 불자가 되었다.

음, 아무래도 종교가 중요한 게 아니라

사랑과 사람이 중요했던 모양이다.

그런데 남편은 돌아가시기 5년 전부터

갑자기 다시 교회에 나가야겠다고 했다.

하도 재판을 하다 보니 마음이 산란하여 그런가 싶어

대수롭지 않게 "당신 마음이 편안하면 가세요" 했다.

그런데 일요일이 되면 꼭 나한테 만 원을 달라고 했다.

어차피 돈은 남편이 다 가지고 관리하면서

굳이 왜 나보고 돈을 달라고 하나? 싶었는데

꼭 내 손으로 헌금을 해야 나에게 복이 온다는 것이다.

그래서 미리 현금을 바꿔놓고

일요일마다 남편에게 만 원을 주면,

남편이 봉투에 넣고 교회에 내고 왔다.

덕분에 나는 부처님 덕도 보고, 하느님 덕도 봤을 것이다.

한번은 아들이 미국에서 들어왔을 때,

아버지가 다니는 교회에 뒤늦게 따라간 적이 있다.

목사님이 한창 설교 중이셨는데

잘 보니 아버지가 저 앞에 앉아서 울고 계시더란다.

나중에 나와서 "아버지, 아까 왜 우셨어요?" 물으니
"너희 할머니 생각이 나서" 울었다고 한다.
남편이 돌이켜보니 시어머니가 교회에 가실 때
한 번도 자가용으로 태워드리지 못한 게 죄송해서
그렇게 눈물이 났다는 것이다.
목사님은 설교를 듣고 감동받아 우는 줄 아셨을 텐데!
의도치 않게 목사님에게 오해를 안기고 왔다.

남편이 돌아가셨을 때는 장례식장에
남편이 다니던 교회에서 성가대 30여 명이 오셨다.
그런데 나는 또 절에 다니니까,
스님도 남편의 성불을 기원하러 와주셨다.
덕분에 "목사님, 먼저 하세요~" 하고 찬송가가 끝난 뒤,
"끝나셨어요? 이제 스님 들어오세요~" 하고 모셔서
또 스님께도 남편의 배웅을 부탁드렸다.
뭐 어때? 좋은 분들이 다 같이 보내주시니
남편도 더 좋았을 것이다.

종교 때문에 역사적으로 전쟁도 많이 일어나고,
많이들 다투고 그랬지만,
종교에 선입견을 가질 필요는 없는 것 같다.
종교는 무엇이든 다 좋은 말씀을 담고 있다.
중요한 건 종교가 무엇인지가 아니라
그 종교의 '말씀답게' 살려고 노력하는 거다.
그저 믿기만 하고, 믿는 대로 행하지 않는 사람들이 많다.
잊어버렸으면 말씀을 다시 돌아보고,
내가 정말 그 말씀대로 살고 있는지 반성해야 한다.
믿는 것만 중요한 것이 아니라,
결국 실천하고 반성하는 것은 자신의 몫이다.

나는 불자지만 성경 공부도 했다.
좋은 말씀을 내 것으로 만드는 게 최고지,
어떤 종교가 먼저인지 다투는 건 중요하지 않다.
대신 내가 행하지 않으면 누구도 도와주지 않는다.
내가 부처고 예수라 생각하면

어떻게 행동해야 할지도 쉽게 알 수 있다.
부처님도 '너희가 다 부처다'라고 하셨다.
신을 믿는 것이 아니라,
자기 자신이 부처가 되려고 노력하고
부처처럼 살라는 말씀이다.

우리가 성인처럼 좋은 말을 남기고 가지는 못하더라도,
좋은 말씀을 행하면서 살 수는 있을 것이다.
물론 늘 말처럼 되는 건 아니다.
좋은 말씀대로만 살았으면
벌써 내가 예수님이고 부처님이지, 선우용여겠어?
그래도 최소한 잘 살다가 죽기 위해 노력은 하려고 한다.

아마 나중에 부처님도, 예수님도 내 노력을 가상히 여겨
"그래, 참 잘 살았구나" 하시지 않을까.
적어도 한 분이 삐치진 않으실 것이다.

웃으며
이별할 수 있을까

아들은 나를 닮아 털털한 편이고,
연제는 아빠를 닮아 깔끔하고 꼼꼼하다.
시집갈 때 입은 옷이 지금까지도 새것 같다.
나랑 아들은 물건을 험하게 쓰는 편이라,
오죽하면 남편이 "쇳덩어리 구두를 사줘도
며칠 있으면 너덜너덜해진다"라고 혀를 내둘렀다.
옷을 살 때도 나랑 연제는 구제 옷도 아무렇지 않게 사입고,

남편은 브랜드를 좋아해서 아들이랑 같이 쇼핑을 다녔다.

정정하던 남편이 처음 아프기 시작했을 때는
사뭇 믿을 수가 없었다.
어떻게 저 사람에게 저런 병이 왔을까?
CT에서 뇌가 하얗게 변한 걸 보는데도 실감이 안 났다.
집에 남편이 아파 누워 있는데
밖에서는 웃으며 일해야 하는 마음도 무겁기 그지없었다.
가족이 아프면 남은 가족들의 마음 한구석에 늘
채울 수 없는 우울이 머물기 마련이다.

남편은 15년이나 재판을 하느라 스트레스도 컸다.
그 스트레스를 먹는 걸로 해소해서
새벽 4시에 갑자기 설렁탕을 먹으러 가고,
또 6시에 식당에 가기도 했다.
그렇게 생활하다 보니 당뇨도 오고,
합병증에 나중에는 파킨슨병까지 걸려

말년에 참 고생이 많았다.

남편이 떠나고 나니 생전에 간직하던 물건들이
고스란히 남아 있었다.
아들에게는 아빠와 함께 쇼핑하던 기억이 담겨 있으니
한동안은 차마 그걸 버리지도 못했다.
생각 끝에 아들에게 좋은 옷이고 깨끗하게 입었으니
드라이클리닝해서 사람들에게 나눔하자고 제안했다.
그 사람들이 고맙게 여기고 또 잘 입어주면
아버지에게도 좋은 일 아니겠느냐고.

남편이 떠날 때 나에게 미안하다는 말을 했다.
삶에 어떻게 후회 한 점 없으랴,
아쉬운 것만 더 사무치는 게 떠나는 사람의 마음인 듯하다.
하지만 남편의 존재가 내게는 늘 든든한 삶의 동반자였다.

"아니야. 나한테 아들딸 선물해줬는데,

그런 마음 갖지 마. 정 그러면 '관세음보살' 세 번만 해."

남편이 교회에 갈 때마다
나에게 헌금을 만 원씩 받아갔던 마음으로,
나도 남편이 좋은 곳에 갔으면 해서 그렇게 말했다.
비록 몸이 아파 시련을 겪고 떠났지만,
이렇게 사랑 많은 아들딸을 키워냈으니 참 잘 살았다.
지금도 납골당에 가면 웃으며 인사하고 오려고 한다.
좋은 삶을 살고 떠났으니 기쁘게 떠올리고 기억해주려고.

이별은 젊을 때도 겪을 수 있지만
나이가 들면 필연적으로 마음의 준비를 해야 하기 마련이다.
오래 산 만큼 주변 사람들이 아프기도 하고,
영영 떠나기도 하면서 여러 이별을 경험할 수밖에 없었다.
그러면서 느끼는 건 살아 있는 매 순간에
주변 사람들을 소중히 하며
마음에는 후회를 남기지 않는 게 중요하다는 점이다.

그 모든 이별에 너무 마음을 쓰고 슬퍼하기보다는

살아생전에 후회 없이 살다 가면 그걸로 된 것 아닐까.

아들딸에게도 내가 가더라도 너무 슬퍼하지 마라,

늙으면 다 떠나는 것이니 울지 말라고 말한다.

딸은 그 비슷한 말만 해도 금방 울상이 되지만

슬퍼하지 않아야 내가 더 기쁘게 간다고 당부하고 있다.

우리 아이들도 이미 일어난 일에 매몰되지 않고,

슬픔에 지나치게 무너지지 않고,

단단한 마음으로 자신을 지키며 살아갔으면 하는 바람이다.

삶과 죽음은 똑같다.

말 그대로 종이 한 장 차이일 뿐, 누구에게나 죽음은 온다.

우리가 그 사실을 지금 알고 있고,

또 살아 있는 지금을 소중히 여기고 있으면 그걸로 됐다.

하고 싶은 걸 하고, 보고 싶은 걸 보고,

남에게 피해 주지 않고, 건강하고,

주어진 것들에 감사할 줄 아는 삶이라면

이미 더할 나위 없이 훌륭하다.

그리고 마지막 날에 '잘 있어, 나 갈게' 하고
느긋하게 눈 감으면 좋을 것 같다.
그렇게 어쩌면 우리도 웃으며 이별할 수 있지 않을까?

마음의 근육을 키우는
나만의 공간

살다 보면 좋은 일도 있고 나쁜 일도 있지만
삶이 늘 스펙터클하지는 않다.
가장 특별한 순간과 가장 고통스러운 순간도 결국 지나간다.
우리가 가장 오래 누리는 시간은 그저 평범한 날들이다.
더구나 인생의 노년기에 접어들면
아무래도 에너지와 활동량이 줄어들다 보니,
아무 일도 일어나지 않는 보통의 나날이 많아진다.

나는 보통 그런 날에 운전을 하고 드라이브를 간다.
운전하는 걸 참 좋아한다.
밥 먹고 운동 삼아 아울렛을 갈 때도 많다.
하도 자주 가서 아이쇼핑을 하다 보니
막상 사고 싶은 건 별로 없다.
전 부치면 기름 냄새를 맡다가 입맛이 떨어지는 것처럼
눈으로 자주 보니 충동 구매를 하지 않게 된다는 게
잦은 아울렛 나들이가 갖는 의외의 장점이다.

갑자기 즉흥적으로 여행도 간다.
비빔밥 먹으러 전주도 가고,
바다 구경하러 목포도 가고,
당일치기로 제주도를 갈 때도 있다.
나이가 들면 예전처럼 빨리 걷기가 힘들다.
그래도 운전을 하면 몸이 가벼워
어디든 자유롭게 다닐 수 있으니 참 고마운 일이다.
나를 어디로든 데려다주는 단짝 자동차에게도

늘 고맙다고 말하며 쓰다듬어준다.

예전에는 바쁘게 살다 보니 계절이 바뀌는 줄도 몰랐다.
그저 촬영장에 빨리 쫓아다니는 게 일상이었으니까.
나무에 꽃이 피는지, 낙엽이 지는지도 모르고
눈 떠보면 여름이고 겨울이었다.
뇌경색이 온 이후에야 내 몸을 돌아보고 주변을 둘러보며
계절 지나는 장면을 물끄러미 바라볼 수도 있게 되었다.
차를 타고 드라이브를 하다 보면
세상에, 나무가 저렇게 푸르구나,
꽃이 저렇게 화사하게 피었구나, 하고 절로 시가 나온다.

"어머나, 소나무야, 비 오니까 너희 목욕하는구나."
"바람이 부니 근심 걱정도 시원하게 다 날아가겠다."
"눈이 오니 온 세상이 하얀 옷을 입는구나~"

비 오는 날은 빗소리를 들으며 운전하니 좋고,

눈 오는 날은 펑펑 새하얀 눈을 볼 수 있으니 좋다.

쉬는 날 드라이브를 하러 나오면 급할 것도 없다.
나를 기다리는 사람도 없고,
장거리 운전을 할 때는 휴게소에서 푹 쉬다 가면
그것도 사람 구경하는 재미다.
소나무 우거진 곳 응달에 앉아
살랑살랑 바람 불고 구름 흘러가는 구경도 한다.
운전할 때는 나름대로 잠자리 눈처럼
사방을 시시각각 살피며 가야 하니
장거리 운전을 할 때는 절대 무리하지 않는 게
나의 원칙이자 방식이다.

도로에서 매너 없이 운전하는 사람을 봐도
어머, 저 사람 참 안됐다, 생각하고 만다.
그 사람을 욕해봤자 들어줄 사람도 없고,
결국 내가 듣는 건데 욕해서 뭐해?

드라이브를 하고 나가 세상 구경하는 시간이
나에게는 힐링이고, 또 자유를 만끽하는 순간이다.
젊을 때 그저 앞만 보고 치열하게 달렸더니
지금의 평온함이 더욱 소중하다.

인생의 말년에 잠시 나를 가다듬고 충전할 수 있는 공간을
누구나 하나쯤 가지고 있었으면 좋겠다.
누군가에게는 동네 조용한 카페가,
혹은 또 예쁘게 꾸며놓은 우리 집 거실이
그런 공간이 될 수도 있겠지.
마음의 여유를 허락하는 공간이라면 어디든 좋을 것이다.

현대인들은 늘 피곤하다는 말을 달고 사는데,
충실하게 쉬는 것도 중요하다.
정말 어디에서 힐링이 되고 충전이 되는지 몰라
충실하게 쉬지 못하면 아무리 쉬어도 힘이 안 난다.
사람들과 어울리면 그 순간에는 신나고 즐겁지만,

마냥 우스갯소리만 주고받는 건 별 의미가 없다.
자신에게 집중하는 시간이 없으면
정작 자기 마음을 들여다보기가 어렵다.

몸의 근육도 중요하지만 마음의 근육도 꼭 필요하다.
근육은 하루 아침에 만들어지지 않는다.
힘들고 지겨워도 매일 스쿼트를 해야 근육이 유지되듯
마음의 근육도 하루하루의 일상이 쌓여서 더 탄탄해진다.
몸은 어쩔 수 없이 늙지만
마음의 근육은 언제까지고 단련할 수 있으니
여전히 성장할 가능성을 지니고 있는 셈이다.

세월이 가져간 것보다
세월이 나에게 남겨준 것들을 생각한다.
드라이브를 하며 계절의 변화를 목격할 수 있는 여유가
내게는 젊은 날에 쌓아둔 저금이자,
세월의 보상인 듯하다.

지금은
선우용여의 시간이야

사람의 인생에는 기회도 오고 시련도 온다.
초년에 기회가 오면 남들보다 빨리 성공하고
화려한 삶을 사는 것처럼 보일 수 있겠지만
들떠서 발을 잘못 디디지 않도록
정신을 똑바로 차려야 한다.
물론 현명하게 다음 걸음을 밟아나가는 사람도 많지만,
마냥 잘되기만 할 줄 알고 잘난 척하다간

자칫 발을 헛디뎌 회복하는 데 오랜 시간이 걸릴 수 있다.

반대로 초년에 실패하고 고생스럽다고 해서
마냥 좌절할 필요도 없다.
시련을 겪고 나면 반드시 그에 따른 깨달음이 온다.
깨달음을 딛고 다시 일어나 더 겸손하게 성장하고
빛나는 말년을 맞이하는 것도 그것대로 더할 나위 없다.

나에게도 초년에는 기회보다 시련이 많았던 것 같다.
결혼 직후에 어마어마한 빚을 떠안게 되었고,
미국에서 모은 돈을 다 소진하며 나름대로 고생을 하고,
급기야 뇌경색이 와서 쓰러졌을 때는 정말 놀랐다.
아무래도 나이가 있어서 그런지 회복은 빠르지 않았다.
뇌경색이 온 후에 다시 연기로 복귀할 수 있을지
무엇도 분명하지 않아 두려운 마음이 들었다.

그때 들어간 작품이 연극 〈선녀씨 이야기〉였다.

평생을 한 남자의 아내로, 또 삼 남매의 엄마로 살았던
선녀의 삶을 담은 작품인데, 나는 최수종의 엄마 역할이었다.
하필 또 주인공인데, 아직 말이 또렷하지 않고
걸음도 완벽하지 않았던 터라 상당한 각오가 필요했다.

석 달 동안 연습을 하는데 각오를 했음에도 불구하고
정말 쉽지 않았다. 아니, 미치겠더라.
일단 발음이 똑바로 되지 않는 게 가장 힘들었다.
다리도 아직 불편해서 앉았다 일어났다 하기가 버거웠다.
그동안은 어떻게든 악으로 깡으로 해왔는데
이때는 처음으로 '안 되겠구나' 하는 생각이 들었다.
지금의 나에게는 무리라는 걸 느꼈지만, 어떡해?
이미 한다고 했으니까 이판사판이었다.
무사히 약속된 공연은 끝났지만,
이후에 전국 투어까지는 도저히 안 되겠다고 했다.

그 후로 일 년쯤 지나서야 몸이 조금 편안해졌다.

지금도 한쪽 다리는 아직 기운이 없지만,
꾸준히 운동하면서 많이 좋아진 상태다.
혈액 순환이 안 되고 혈관이 굳어 있던 터라
지금까지도 매일 아침 스트레칭하면서 계속 풀어주려 한다.

확실히 나이가 드니 몸이 예전 같지는 않다.
한 차례 다리 마비가 왔던 만큼
몸의 균형이 깨져 있어서 더 조심해야 하는데,
마음의 나이가 몸의 나이를 따라오지 못한다.
횡단보도의 신호등이 깜빡거리는데
50대의 마음으로 얼른 뛰어서 건너야지 하다가 넘어지고,
운동한다고 산에 올랐다가 또 넘어져
뼈에 세 번이나 금이 가기도 했다.

그러나 몸을 사리고 살금살금 사는 건
아무래도 영 체질에 안 맞는다.
대신에 잘 먹고 열심히 운동해서,

조금이라도 몸의 나이가 마음의 나이를 기다려줄 수 있도록
내가 더 분발해야 할 것 같다.
아직도 하고 싶은 일이 너무 많고,
80세를 살았지만 앞으로의 내일이 여전히 기대된다.
또 말년에 이렇게 새삼스레 많은 분들의
사랑을 받게 될 줄 누가 알았을까.

내게 지금은 오롯이 선우용여의 시간이다.

나이 먹어 주책이라고? 몰라, 몰라!
누가 뭐라든 나는 노년을 즐기고 있는 행복한 할머니니까.
지금 60대라면, 50대, 심지어 40대라면
주어진 시간은 더욱 무궁무진하다.
나이가 몇이든 우리 모두에게 내일은 늘 새로운 시작점이다.

그 소중한 날들에 여러분도 그냥 마음대로,
하고 싶은 대로 재밌게 살아요!

KI신서 13953
몰라 몰라, 그냥 살아

1판 1쇄 발행 2025년 12월 10일
1판 2쇄 발행 2025년 12월 31일

지은이 선우용여
펴낸이 김영곤
펴낸곳 ㈜북이십일 21세기북스

인생명강팀장 윤서진 **인생명강팀** 박강민 유현기 황보주향 심세미 이현지
디자인 김희림
마케팅 이수진 유진선
영업팀 정지은 한충희 장철용 남정한 강경남 황성진 김도연 나은경 이정은
제작팀 이영민 권경민

출판등록 2000년 5월 6일 제1406-2003-061호
주소 (10881) 경기도 파주시 회동길 201(문발동)
대표전화 031-955-2100 **팩스** 031-955-2151 **이메일** book21@book21.co.kr

ⓒ 선우용여, 2025
ISBN 979-11-7357-653-9 03810

㈜북이십일 경계를 허무는 콘텐츠 리더

21세기북스 채널에서 도서 정보와 다양한 영상자료, 이벤트를 만나세요!
페이스북 facebook.com/jiinpill21   포스트 post.naver.com/21c_editors
인스타그램 instagram.com/jiinpill21   홈페이지 www.book21.com
유튜브 youtube.com/book21pub

- 책값은 뒤표지에 있습니다.
- 이 책 내용의 일부 또는 전부를 재사용하려면 반드시 ㈜북이십일의 동의를 얻어야 합니다.
- 잘못 만들어진 책은 구입하신 서점에서 교환해드립니다.